万人の平安と安楽を願う

身の苦に依って、心乱れざれば、証果自ずから至る。

日本独特の宗教といわれる山の宗教、修験道をお開きになり、金峯山寺を開山された役行者（えんのぎょうじゃ）さまののこされた言葉、御遺訓です。

自身の修行において、たとえ身が痛つき苦しくとも、悟りの道をすすもうとするその心が、乱れることなく精進すれば、結果（悟り）は向こうからやって来るほどの意味でしょうか。

これは、修行者にだけ当てはまるものではないと思うのであります。お仕事や勉強など普段日常の生活の中でも、当てはまることと思うのです。

本書の著者中島龍真師は、この修験道の根本道場であります奈良県吉野山にあります総本山金峯山寺を本山とする金峯山修験本宗の僧侶であり修験者であります。

師は日本を代表する大企業で世事にあたられ、会社を辞してからは、在家の僧侶として修行し、菩薩の道を邁進されておられる修験者であられます。

修験道には各種の苦行と言われるほどの修行がありますが、師は修験最奥の修行と言われ、一生に一度の修行が叶うかどうかと言われる「大峯奥駈修行」を七度満行し、その指導と助法を行う奉行もお勤めになられました。

また、開祖役行者開顕以来繋がる修験道の秘法採燈護摩供の修行も満ぜられて、現在も御本尊供養、衆生済度のために修法を重ねられております。

そのお護摩に際し、お説きになる法話をまとめられ、この度本書「竹韻精舎薬王山龍王寺法話集～自分らしく輝いて生きる」の上梓されることとなり、大変喜ばしくありがたいことであると存じております。

本書の中のほとんどの各法話の文末には、「これから始まります皆様方の新しいひと月が、・・・・・・・となりますよう心からご祈念申し上げます」と、日々新たな気持ちを迎えることをお薦めになられております。
冒頭の役行者尊の御遺訓を実践されているからこそのお言葉であると思うのです。
師の永く深い人生経験に加え、宗教者・修験者としての修行と実践を相ふまえての御法話の数々。老若男女を問わず、今も昔もこれからも新たなる目覚めに通じるものと思います。

本書の一文に、「自分の花を知り、自分の花の咲く時期をわきまえ、自分らしい花を咲かせましょう」とお教えくださっております。本書を手にされたまさに今、今日から始まる新しい日々が、皆様方にとって平安であり安楽でありますよう心よりお祈り申し上げます。
令和５年４月

金峯山修験本宗管長
総本山　金峯山寺管領　　　　五條　良知

竹韻精舎薬王山龍王寺法話集

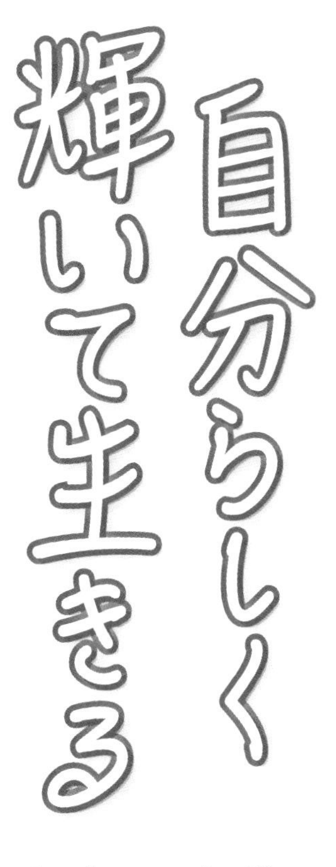

中島龍真 著

本当の人生は
70歳からでも
遅くない

セルバ出版

はじめに

風雨に耐えて伸びよ　　我が子らよ
母は静かに　　神に祈りぬ　　ツル

昭和38年2月、私が高校の入学試験に向かう朝、枕元の壁に貼ってあった母のうたです。

受験願書締め切り前日の夜、クラス担任の先生が17回目の家庭訪問に来てくれました。学力テストの度にクラスで１～２番を争っていた私が中卒で就職することを心配してくれた先生が父を説得しようと最後の望みを託して来てくれたのです。

私の家は敗戦により中国から自力で引き揚げてきた貧しい家だったのです。義務教育さえ受けさせれば親の責任は果たしたと主張していた父も先生の熱意に負け、遂に私の高校受験を認めてくれたのです。高校への進学を諦めていた私は受験勉強をしないまま受験の日を迎えてしまいました。そうした私を按じた母が冒頭のうたを書いて枕元に貼ってくれていたのです。

私の波乱万丈の人生はこうして始まりました。幸いなことに希望した美唄工業高校の電気科に入学できましたが、卒業して電電公社に入社する際も想像もしなかった事態を経験させられたのです。

そして、22歳のときに人生を変える決定的な出来事が起こったのです。春には北見で、夏には函館で、そして、秋には札幌でと１年の間に３回も「50歳の命」だと宣告されたのです。

それからは残された28年間をどのように生きようかと常に死を意識しながらの生活となり、仕事のこと、趣味で始めた尺八のこと、家庭のことなど寸刻を惜しんで日々を生きる毎日となったのです。

今回の法話集はそうしたこれまでの人生を踏まえつつ、仏教の教えに少しでも近づきたいとの思いで纏めたものでもあります。

仏教とは心の修行、特に心の浄化を目指した教えと言うことができます。仏教では先ず最初に戒を守って言動や行動を整え、それができると次に瞑想などの禅定により精神の統一を図って心を整え、こうして身口意を整えることで正しい智慧を体得でき悟りに至ると教えています。

このような戒・定・慧を仏教では三学と呼んでいます。三学の教えでは表面的な言動や行動を浄化する「戒」に始まり、次にそうした言動や行動の根底にある心を浄化する「定」へと進み、最終的には悟りとも言われる真実を知るための「慧」に至ると教えています。

こうした三学の教えに従いますと戒が最も大切なものであり、悟りに至るための第１歩は戒を守ることで始まると言えます。そうしますと戒を守って暮らすことができれば、出家・在家を問わず誰もが日々悟りに向かって進めるのではないでしょうか。その第一歩を踏み出したい。そんな思いを胸に守るべき戒の具体的な内容を毎月明確にし、それに向かって精進を重ねたいと願いながら法話を考えて参りました。

まだまだみちなかばでは御座いますが、この度10年間の歩みを法話集として１冊の本にまとめることになりました。毎月、頭に浮かんだテーマを４～５分以内で話せる内容にしただけですので、お読みいただいて不自然に感じられるところもあると思いますが、どうかご容赦をお願い致します。

本宗では管長猊下ご発願のもと「万人安楽とも祈り」の修行を続け、この世を共に生きるすべての方々の幸せを毎日祈願しています。

こうした本山の動きを受け法話を纏めるにあたっては自坊のご縁ある方々に限らず、すべての方々の幸せをご祈念申し上げる気持ちで取り組ませていただきました。

私が金峯山修験本宗札幌別院竜王寺とご縁をいただきましたのは今から40年前の昭和58年３月27日の夕方でした。責任ある舞台での尺八演奏を３週間後に控えながらスランプに陥っていた私は神仏にすがる以外にないと判断しました。母が紹介してくれた法華さんのお寺を訪ねて見ましたが留守でした。神仏にも見放されてしまったのかと失意の中、家路に着きましたが、その途中でお寺を見つけ宗派や寺名もわからずいきなり飛び込んだのです。

３月末の日曜日で既にあたりは暗くなり街灯がつくようになっていました。アポも取らずに庫裏のベルを鳴らしたにもかかわらず親切に本堂の鍵を開けて中に入れて下さいました。お陰で無事に責任を果たすことができましたので、これも何かの縁と感じ得度を受け僧籍を取ることにしました。その後、不思議な体験をさせられることになり、平成10年には護摩加行に入って自坊は勿論のこと北海道別院や青森別院などの護摩も焚かせていただくようになりました。

こうして毎月宗教活動に追われるようになった平成24年の春、いつものように月例祭の護摩を焚くため函館に向かう車の中で突然「宗教の本を出せ」との沙汰を受けたのです。護摩は焚けても仏教のことなど何も勉強していなかった私は当惑し困り果てました。

そんなときでした。不思議にも40年前に同じ職場で１年間だけ一緒に働いたことのある黒田典男さんと再会したのです。ＩＴに詳しい黒田さんはホームページをつくりましょうと提案してくれ、平成25年３月に竹韻精舎のホームページを開設してくれたのです。

その後は毎月法話をアップすることになりました。そこで私は法話のアクセス数が上がるようであれば、それを本に纏めて出版しようと考えました。しかし、２年間続けて見ましたが、アクセス数は毎月50件程度で予想していたようには上がりませんでした。今月で止めようと思いログ情報を確認しましたら10倍近い476件のアクセスがあったのです。不思議に思ってアクセス先を調べてみると、アメリカや中国・ドイツなど殆どが外国からのアクセスでした。これを機に改心して何があっても10年間は続けることにし、それを1冊の本に纏めて出版しようと決心したのです。

それからは毎月28日に護摩を焚き終えると翌月の法話を考えるのが常となりましたが、不思議なことに苦労せず纏めさせてくれたのです。毎月考えると言うよりは授けられていたと言ったほうが正しいと思います。法話ですから信者さんたちを教え導く話にしなければならないのですが、そうではなく私自身が教え導かれ、あたかも自分自身に言い聞かせ誓願を立てるような気持ちで原稿をつくらせていただく毎月となりました。

お寺のホームページに法話を10年間アップし続けたことで一番勉強させられ成長させていただいたのは、何を隠そうこの私自身だったのです。

お釈迦様は苦しみ多きこの世の人生をいかに心豊かに生きるかを説かれました。70歳からでも遅くないので宿命に従い本当の人生を歩みなさいと10年前にサブタイトルまで授けられたことの意味がやっと理解できました。

母が元気な頃は毎月1日の朝に私と顔を合わせると「今月の法話を3部コピーしてね」と言ってくれました。私が印刷して渡すと母は手紙を添えて私の姉や2人の姪に郵送していました。

法話をアップする度に甦る母の思い出ですが、その母も5年前に亡くなりました。今回こうして願いが叶い纏めることができた法話集を今は亡き母に感謝の気持ちを込め捧げさせていただきます。

合掌

2023年4月

中島　龍真

自分らしく輝いて生きる　本当の人生は 70 歳からでも遅くない　もくじ

第一章　人生の目的を考える

第二章 海で山菜を探す

第四章　祝福される最後を目指す

第一章

人生の目的を考える

神仏に信じてもらえる自分を目指す

私たちのこの世の人生は過去の因縁によるものが80％と現世でつくった因縁20％とによって構成されていると言われています。仕事のこと、家庭のこと、そして健康のことなど、この世では思うように行かないことが多くあります。

けれども、幸いなことに重すぎて自分には背負いきれない程の業（カルマ）に巻き込まれることはありませんし、他人の業を背負うこともないと言われています。

私たちの身に降り掛かって来る困難はすべて自分の力で乗り超えられるものばかりなのです。私たちはさまざまな困難を体験することによって自分を浄化し、魂の向上を図ることができるのです。

そう考えることができますと、困難に遭遇致しましても悲しんだり不平不満をいう必要がなくなることでしょうし、自分を磨く貴重な体験を授けていただいたと思うことができればありがたいとの感謝の気持ちが湧いて来るはずです。

この感謝する気持ちを持てば持つほど、私たちの魂は輝きを増すと言われています。この魂の輝きをどれだけ強く大きなものにできるかを私たちは問われているのです。この世で得たお金や物、肩書などはどれもあの世に持って行くことができません。死後の世界まで付いて回るものは生前に行った自分の行為であり、その行為を成したときの思いなのです。

ですから感謝や慈しみの気持ちを忘れず常にプラスの感情を抱き、それを具体的な行動に移せるよう努力しなければなりません。

神仏を信じるとか信じないとかよく言いますが、そうではなく神仏に信じてもらえる自分かどうかが問題なのです。

これから始まります皆様方の新しいひと月が神仏に信じてもらえる毎日となり、魂の輝きをより一層強くできる日々となりますよう心からご祈念申し上げます。

神仏に身をゆだねる

私たちは修行のため肉体を授けていただき、この世で生活しています。肉体を持ったことにより食欲や性欲・睡眠欲などさまざまな欲望が湧いて参ります。

これらの欲望を自然的欲望と呼ぶそうですが、この自然的欲望は満たされるとそれ以上求めることはありません。

これに対し金銭欲や名誉欲・権威欲などは際限なく欲しくなります。これを奴隷的欲望と呼びます。私たちは金銭や地位・権限などを手にしますと、今度は失いたくないとの不安に駆られます。こうした我欲や執着をどのように解決するのかが問題になります。

今日、皆様と一緒に護摩を焚かせていただきました。ご承知のように護摩は火によって修法致しますが、その前にあらゆるものを水で清めます。火と水を合わせますと火水（カミ）になります。護摩を焚くことはカミの世界に身をゆだねることでもあります。

人工的に火と水とを合わせますと、お湯になります。このお湯に身をゆだねるのが入浴です。入浴の習慣は日本人特有のものではないでしょうか。

私たちは入浴の前に手足など体をきれいに洗い清潔になった体で湯船、浴槽に入ります。これはまさしくこの世で得たすべてのものを捨てて、身も心も神にゆだねた姿なのです。何も持たない生まれたままの体を神にゆだねる行為そのものなのです。
私たち日本人は温泉に入りますと思わず「アー、極楽・極楽！」と言ってしまいます。この世で得たお金や物などすべてを捨て去り神仏に身を任せたときの気持ちのよさを実感して自然に出て来る言葉なのです。
私たちはこの世で得たものを失いたくないとの思いから不安を抱き、とかく神仏にすがる生活をしがちです。毎日の入浴を通じ我欲から離れ、すべてを神仏に任せきったときの気持ちのよさ、癒される気持ちを実感していただきたいと願っています。
これから始まります皆様方の新しいひと月が神仏に身を任せた深い信仰の日々となりますよう心からご祈念申し上げます。

天国と地獄

雪の多かった札幌ですが、庭のクロッカスが花を咲かせてくれ、やっと春らしくなりました。
高校を卒業して生まれて始めて親元を離れ函館の職場に赴くことになりましたが、そのとき、母から「どんな困難に出会おうと、それはお前の力にふさわしい試練だから必ず乗り超えられる。だから諦めず困難に立ち向かって行きなさい」と言われました。
あれから50年近く経ちました。それこそ困難だらけの人生で、何とか乗り越えたいと無我夢中の50年でした。
今まではとにかく目の前の困難を乗り越えることばかりを考えて来ましたが、宗教家になった今では困難を乗り超えられたかどうかではなく、その体験を通じて何を得ることができたのか、どんな気持ちになったのかが重要だということに気づかされました。

母の友だちに病気で手足が不自由になったお２人の女性がいます。お１人は「食事も食べさせてくれるし、お風呂にも入れてくれ綺麗に洗ってくれるのよ。私、女王様になったみたい。何でもしてくれてありがたいの」と感謝の日々を送っています。

もう１人の女性は呼んでも看護師が直ぐ来ないとか、ヘルパーさんの介護が下手だとか、周囲の人を批判し不平不満ばかり言っているそうです。

病気で寝たきりの毎日となり、すべてを人の手助けに頼って生活しなければならないという面では２人とも同じです。

しかし、その毎日の体験をどのように捉え感じているかは天と地ほどの違いがあります。「ありがたい、ありがたい」と言って感謝している女性は天国・極楽の毎日を送り、人を批判し不平不満を言っている女性は辛く苦しい地獄の毎日を送っているのです。このように同じ体験をしても、その体験を通じ何を想い、何を感じるかは人それぞれ違って来ます。

神仏は私たちに魂の向上を願ってさまざまな体験の機会を与えて下さっています。この貴重な体験を無駄にしてしまったり、新たな業をつくってしまうことのないよう自分の心の中を見つめてみたいものです。

これから始まります皆様方の新しいひと月が日々の体験を活かし感謝に満ちた毎日となりますようご祈念申し上げます。

最善の運命を歩む

先日テレビを見ていましたら、宗教の時間で「心の時代」という番組がありました。お釈迦様が亡くなる前にお説きになった最後の経典「涅槃経」がテーマでした。そこでは八正道を守り菩提心を起こして、善根を積むことを教えていました。

それで今日は善根を積むお話をしたいと思います。天の命を自分の体に宿す。これが宿命です。この宿命は変えることができません。

この自分にあてがわれた命をどのように運ぶかが運命です。運命は宿命と違って自分の努力で幾らでも変えることができます。この命を最善の方法で運ぶためにはどうすればよいのでしょうか。

人生が思うように行かないとき、私たちは姓名判断をしてもらい改名したり、印鑑を変え印相を改善してみたり、更には家を改築して家相を改善したりします。これらも自分の運命をいかによくするかの努力ですが、最善の方法は陰徳を積むことに尽きます。

中国の明の時代に袁了凡（えんのりょうぼん）という人がいました。代々医者の家に生まれ、両親の希望もあり、家業を継ぐべく医学の勉強をしていました。そこへ仙人が訪ねて来て将来を占うと言うのです。

自分は医者になることにしているので占う必要はないと断ると、仙人は「とんでもない、お前は官吏になって破格の立身出世をする運命だ」と言うのです。信じようとしない了凡にこれまでの了凡にしかわからないさまざまな出来事を言い当て、ついに信じさせてしまいました。

了凡は仙人が予言した通り官吏の試験に合格し破格の出世をし始めました。あるとき、了凡が座禅をしているところに偉いお坊さんが来て、一緒に座禅することになりました。

悟りを開いた迷いのない態度に感動した高僧はどこで修行したのか尋ねました。了凡は仙人とのことを伝え「自分の一生は既に決まっているので、今更悩むことも心配することもないのだ」と答えました。

それを聞いて高僧は「何と愚かなことか。それでは何のために生きているのだ」と了凡を叱りました。そして、陰徳を積めば運命は幾らでも変えられることを教えたのです。

運命論者になってしまっていた自分を反省した了凡は、陰徳録（いんとくろく）というノートをつくって、毎日自分が行った善行を書き留め点数を付け始めました。困っている人を助けたら何点、死にそうな動物を助けたら何点、病気の人を治したら何点と具体的に行為に点数を付け、毎日寝る前に1日の総合点を出して、明日はもっと多くの点数が取れるようにと努力したのです。

そうすると、仙人の予言が狂い始めたのです。次々と昇給するスピードが速くなり、よいほうへよいほうへと狂い始めたのです。

破格の出世はしても子宝には恵まれず57歳の若さで死ぬと予言されていたにもかかわらず、子宝にも恵まれ86歳の長寿を全うしたのです。

私たちも了凡のように善行や徳を積むことに精進し、運命を最善の方向へと導いて幸福を求めるべきではないかと感じます。これから始まります皆様方の新しいひと月が陰徳積みの日々となり、最善の運命を歩む日々となりますよう心からご祈念申し上げます。

生きがいを求めて

先日、30年も前に尺八を教えたことのあるアメリカ人のお弟子さんが突然訪ねて来ました。今は香港にある大学の先生となって人生の意味や生きがいについて教えていると言うのです。

昔、始めて日本に来たとき、英語にはない日本語の「生きがい」という単語に興味を抱き、日本人とアメリカ人の生きがいを比較研究することになり、それが縁で大学の先生になったらしいのです。

退職してから自分の人生は一体何だったのだろうかと考えても少し遅いので、仕事に就く前の大学時代に、このことについて真剣に考えて欲しいと世界唯一の講義をしていると言うのです。

アメリカ人の突然の訪問を機に宗教家として最も大切なことを改めて考えさせられることになりました。

私たちはなぜこの世に生れて来たのでしょうか。この世ではどのように生きればよいのでしょうか。そして、死んだらどこへ行ってどうなるのでしょうか。これは誰もが人生の中で一度は抱く疑問ではないでしょうか。

私たちは自分の魂を向上させるために時代を選び、国を選び、両親を選んでこの世に生れて来ました。この世では肉体を借り、あの世ではできないさまざまな体験をし、支えられ助けられ、そして、生かされている自分を知ることになります。

死にますと、この世でお世話になった肉体を離れて自分の魂のレベルに合った霊界へと戻って行きます。霊界に戻ってからはこの世での人生が誕生前に自分が目指した修行の目的を達成できたものだったかどうか顧みることになります。できなかったとすれば、なぜなのか等について反省し、次の誕生に備えるわけです。

私たちのこの世の生活は旅行や出張等で自分の家を離れてホテルに泊まるのと同じことです。宿泊代は払いますが、ホテルにあるベットやテレビ、寝具や洗面道具などすべての物は借り物でチェックアウトのときには持ち帰ることはできません。

同じようにこの世で自分の物と思っている家や土地・お金も、この体さえあの世に戻るときには持って行くことができません。持って行ける物はただ１つこの世で成した自分の行いだけなのです。

ですから、この世ではどんなに小さなことでもいいですから、世の為・人の為に役立つことを１つでも多く、しかも喜んでありがたくさせていただくことが大切なのです。
　仕事をするのも家庭を持つのも、そして子供を育てるのも、みな世の為・人の為に役立つための手段なわけです。人に感謝されるようなよいことを実践することによって私たちの魂は輝きを増し大きくなると言われています。
　これから始まります皆様方の新しいひと月が人々に感謝される日々となり、魂の輝きを強く大きなものにできる豊かなひと月となりますよう心からご祈念申し上げます。

閉ざす祈り開く祈り

　私たち、信仰する者に取りまして「祈る」ということは、日々欠くことのできない大切なことですが、この祈るということの意味についてお話させていただきます。私たちは祈りは叶うと信じ毎日お祈りしていますが、それを実証したお話です。
　アメリカの大学教授が祈りの効果について科学的に検証し学会で発表致しました。２つの容器に大豆の種を蒔き温度・湿度・日照時間など環境をすべて同じくして、片方の容器に早く芽を出すように祈りました。すると祈ったほうの容器に植えた大豆のほうが発芽率が高かったというのです。
　しかも、発芽率は祈りの時間の長さに比例して高くなり、容器全体に対して祈るのではなく、一粒一粒を特定して「この種早く芽を出すように」「この種早く芽を出すように」と祈ったほうがより効果が高く、更にはアルバイトの女性ではなく祈りの経験を積んだ牧師さんなどの祈りのほうが効果的だったというのです。
　1972 年にはアメリカの人口１万人以上の 24 市で人口の１％の

人々が治安の維持を祈ることによって地域の犯罪率を低下させることができたと報告しています。

これらは科学的に祈りの効果を証明したお話ですが、それではどんな祈り方をすればいいのでしょうか。私も職業がら毎日お祈りしていますが､祈りには閉ざす祈りと開く祈りがあるように思います。わかりやすく申しますと神仏に願い事を頼む祈りと感謝の気持ちを捧げる祈りです。

閉ざす祈りとは、神仏の意に反する祈りで、神仏との繋がりを自分から閉ざしてしまう祈りです。具体的には病気や当面している困難を１日も一刻も早く解決して欲しいと願う祈りです。

開く祈りとは、神仏の意に添って神仏の力や守護神・守護霊の力をより強く受ける祈りです。具体的にはカルマ消滅の機会を与えて下さりありがとう御座います。一生懸命努力致しますので１日も早く乗り越えられるよう勇気と力を与えてくださいと願う祈りです。

ほとんど同じように聞こえるかも知れませんが、前者は問題解決を神仏にゆだねる祈りであり、後者は自分の力で問題を解決しようとする祈りと言えます。神仏は私たちに何かを学ばせ、気づかせるために困難や障害を授けてくれています。

ですから困難や障害を避けたり、先送りしたのでは神仏の意に反することになると思うのです。素直にありがたく受け入れて、神仏はこの体験から一体どんな気づきを求め、願っているのかと考えることが大切なのではないでしょうか。

そして、気づけたときには気づきを授けて下さりありがとうございますと感謝の気持ちでお祈りしたいものです。これこそ本当の信仰の祈りだと私は思っています。

これから始まります皆様方の新しいひと月が正しい祈りの毎日となりますよう心からご祈念申し上げます。

神仏の姿を見る

今月もご縁をいただき皆様と一緒に護摩を焚かせていただきました。私たちが信仰しています修験道は、古神道の思想に基づき、経典や作法を仏教から取り入れた1300年の歴史を持つ我が国特有の宗教です。神道では神の分霊と申しまして、私たちは神の子だと申します。また、仏教では必有仏性といいまして人は皆、誰でも仏の心を持っていると申します。

私たちのこの世の修行は自分の心の中にある、こうした神仏の心を発揮して神様や仏様と同じように生活することですが、これがなかなかできないわけです。

この世で私たちが生活するために欠くことのできない物と言いますと衣食住ですが、マイホームを持ちグルメを楽しむ今の時代にありましては、衣食住を求めて悩んだり苦しんだりする人は少なくなりました。

それより現代に生きる私たちに取りまして大きな悩み、苦しみの原因となっていますのが人間関係ではないでしょうか。

私たちは社会生活を営む動物ですから1人孤立して生きることはできません。家庭にありましては夫婦や親兄弟との生活があります。また、地域においては隣近所とのお付き合いがあります。更には会社や仕事では上司や同僚、お客様との人間関係があります。

このように私たちの毎日の生活で避けて通ることのできない、こうした人様とのお付き合いをどのようにすればよいのでしょうか。

私たちはどうしても人の欠点が先に目に付き、相手の欠点ばかり指摘してしまうわけですが、どんな人にも必ずよい点、長所があります。相手のよい点、長所を見つけ認めるということは、神道でいう分霊、仏教の必有仏性であります、その人の中にある神仏の姿を見つけ認めることでもあります。

日常生活の中で絶えず相手の長所を見る生活を実践してこそ、私たち信仰する者の本当の生き方といえるのではないでしょうか。1日が終わって布団に入ったときに、今日1日がご縁をいただいた人たちの長所を見る1日であったかどうか自問自答することが大切と感じます。

これから始まります皆様方の新しいひと月が信仰する者、手を合わせる者にふさわしい相手の長所を見つけ、認める毎日でありますよう心からご祈念申し上げます。

最も強く生きる

明治から昭和にかけて説法と著作で活躍した暁烏敏（あけがらすはや）というお坊さんがいらっしゃいます。石川県にある浄土真宗のお寺に生まれ、インドをはじめ東南アジアで修行した後、ヨーロッパやアメリカで布教活動したお坊さんです。

お母さんにちなんだ多くの歌を残しましたが、その1つとされる「10億の人に10億の母あれども、自分の母にまさる母はあるまじき」という歌が大変有名になりました。

石川県が暁烏敏の出身地ということもあり、お母さんをテーマにした子供作文コンクールを始めました。世界中から800点以上の応募がある大イベントに発展しましたが、毎回1位金賞に輝くのは国内外を問わず母子家庭に育った子供たちの作品です。

その内容は共通していて、小さいときからお母さんの働く姿を見て育ち、お母さんの苦労を肌で感じていたことから、早く大きくなって自分の働きでお母さんや兄弟たちを楽にさせたいというものです。

親であれば誰でも自分の子供には苦労させたくないと願うわけですが、この作文コンクールの結果は私たちに何を訴えているのでしょうか。

子供たちは苦労や困難を体験したことにより、お母さんを思いやる気持ちや感謝の気持ちを持ち、恩に報いようとの強い思いが芽生え、そのことが子供たちの人生を変え、審査員に深い感動を与えたのです。

人生の歩み方には４つのタイプがあるといわれています。

１つ目は、苦労や困難を人のせいにし不平不満の毎日を送るタイプで、私たちの生涯に当てはめますと、親のせいだ先生のせいだと他責にする０代、10代に相当すると思います。

２つ目は、振り掛かる苦労や困難を自分の力で何とか乗り越え、周囲の人に迷惑を掛けないよう頑張るタイプで、学校を出て就職し、がむしゃらに働く20代、30代に相当します。

３つ目は、今日あるのは自分の努力だけではなく、さまざまな人々に支えられ助けられたお蔭だと感謝できるタイプで、会社で言うと管理者となり部下やお客様は勿論のこと、社会情勢など自分の力ではどうすることもできない他責の要素を感じられる40代、50代に相当するのではないでしょうか。

そして４つ目は、至らなかった自分の過去を反省し、あの人の為この人の為にと、せめて生きている間に受けた恩の何分の１かでもお返ししたいと行動を起こすタイプです。子育てや仕事を終え自分の人生を顧みる余裕のできた60代、70代がこれに相当すると思います。

最後のタイプは作文コンクールで金賞に輝いた子供たちの生き方

と共通しています。私たちは人の為に生きるとき、明るく元気で希望に満ち最も強くたくましくなれるのだと感じます。

これから始まります皆様方の新しいひと月が報恩謝徳を目指した最も強く生きられる毎日となりますよう心からご祈念申し上げます。

一水四見の教え

お釈迦様はこの世をいかに正しく生きるかを説かれましたが、正しい生き方をするためには、その前提として正しくものを見る必要があります。すべてのものは見る者の心のあり方によって存在しているとの教えを説く仏教唯識派の経典「瑜伽師地論(ゆがしじろん)」には一水四見の教えがあります。

それは同じ水でも天人や人間・魚・餓鬼など、水を見る有情の違いによって次のように四通りに見えるというのです。

①天人には水晶や宝石のように美しく輝いて見える。

②人間には生命を育む液体として見える。

③魚には住む家そのものに見える。

④餓鬼には血や膿に見える。

私たちの人生も同じことが言えるのではないでしょうか。生まれ育った環境や置かれた立場、抱いている感情や体験の違いなどにより、同じものを見ても人によって認識の仕方に違いが生じます。

水は飲料水に限らず入浴や調理・洗濯など私たちの生活に欠くことのできないものですが、農業や工業などの生産活動に取っても必要不可欠となっています。

しかし、水はこのように私たちの生活に恵みを与えてくれるだけではなく、集中豪雨による河川の氾濫や洪水など災害の原因にもなっているのです。また、水は温度が下がると雪や氷になり、熱を加えると水蒸気となって蒸発します。

このように水は環境の違いにより液体から固体になったり気体になったりと、その姿を大きく変えるのです。ですから先入観念や思い込み等に左右されることなく、常にその時々の姿をありのまま受け止め感じ取ることが大切になります。

人間関係も同様に相手をありのままに見つめ素直に受け止められるかどうかが問題となります。自分が思い描いているように相手も思い感じているとは限らないのです。もし違いが生じた場合でも互いにその違いを認め合うことができれば、そこには信頼が生まれ寄り添い助け合って生きるとができます。

これから始まります皆様方の新しいひと月がご縁ある方々と互いに寄り添い温もりを感じ合える日々となりますようご祈念申し上げます。

人生の共演者たち

20年程前に「雪は資源」だとおっしゃった方がいらっしゃいましたが、本当にそうだと感じました。先月26日に登別温泉に行って泊まりましたが、翌朝は夜に降った雪で一面銀世界となっていました。台湾や香港から来ていた観光客は大喜びで、写真を撮ったり雪玉をつくったりしていました。

南の温かい国に住んでいる人たちが冬の北海道に来る楽しみは、まさしく南国では経験できない雪の中の生活や遊びを体験することなのでしょう。私たちも南国から来た観光客のように雪の世界を楽しみながら生活したいものです。

早いもので今年も残すところ後ひと月となりました。私に取りましては非常に変化の大きい年となりましたが、皆様に取りましてはどんな1年でしたでしょうか。

私たちのこの世の人生は映画やテレビドラマのようなもので、シナリオに従って主役の為のストーリーが展開され、場面場面では最適な共演者が登場してシナリオに忠実に演じてくれているのです。

私たちは自分で自分の人生ドラマのシナリオをつくり、最適な共演者を選んで生まれて来ました。それぞれの人生ドラマはすべて主役の為にシナリオがつくられ、ストーリー展開に必要不可欠な共演者たちが選ばれています。ですからどんな役を演じた人に対してもシナリオ通りに演じてくれたのですから、その労をねぎらい感謝の気持ちをささげなくてはなりません。共演者たちを批判したり自分を被害者と思ってはいけないのです。

親・兄弟・夫婦は勿論のこと、職場の上司や同僚・部下・お客様など自分の人生ドラマに登場するすべての人々が、世界中の70億人の中から選ばれた貴重な共演者たちなのです。自分にはもったいない身に余る名優たちなのです。

映画の世界にはアカデミー賞という有名な賞があり、この1年間に発表された映画の中から優秀な作品を選んで表彰しています。

私のこの1年間の人生ドラマの演技は果たして神仏に主演男優賞の候補にノミネートしていただけるものだったかどうか。また、親や子供たちの人生ドラマに対しては助演男優賞をいただけるような共演者としての演技ができただろうかと反省しています。

これから始まります皆様方の新しいひと月が1年の終わりにふさわしい、人生ドラマの共演者たちの労をねぎらい感謝で締めくくるひと月となりますよう心からご祈念申し上げます。

正しく修める

1月のことを正月と申しますが、正しくは「修正の月」と言いまして、元旦から3日間仏教寺院では修正会の法要を行って、国の安泰と繁栄をお祈り致します。修正とは正しく修めるということで私たちの行為や想いを修正する月ということになります。

お正月になりますと、私たちは「新年明けましておめでとうございます」と挨拶を交わしますが、それは過去の1年が苦労の多い不幸続きの年でありましても、新たな気持ちで希望を抱き目標に向かってスタートできるからではないでしょうか。

お釈迦様は「この世は無常ゆえに怠ることなく努力して生きなさい」と教えられました。仏教の無常観は一期一会の積極的な生き方を示しています。無常であるから寸刻を惜しんで努力する。無常であるから過ぎ去ってしまった過去のことを思いわずらわない。無常であるからいたずらに未来に期待したり、不安を抱いたりしない。ただひたすらこの一瞬に精進して生きるということなのです。

私たちの悩みや心配事の多くは既に終わってしまった過去のことか、まだ起きてもいない未来のことなのです。諸行無常と申しますが、すべてのものは移り変わるからこそ進歩発展があります。

春夏秋冬と季節は移り変わります。秋になって木の葉が落ちますと淋しくもののあわれを感じますが、葉を落とすのは春への備えであり、生きている証拠でもあります。正しい道を歩んでいますと、すべてが最善の方向へと進み願いは必ず叶えられます。

「十年一日の如し」という諺がありますが、あの世とこの世の時間的な関係で申しますと「五十年一日の如し」で、あの世の1日はこの世の50年に相当します。
　ですから、人生100年と申しましても、あの世からしますと1泊2日の研修に生まれて来たことになります。とても短い研修ですから日々怠ることなく精進を重ねるしかありません。
　これから始まります皆様方の新しい1年が正しく修めた行為や想いを継続でき、実りの多い豊かな1年となりますよう心からご祈念申し上げます。

垂直の人生観

　2月3日は節分で豆まきをする習慣があります。古来、私たちの先祖は立春の前日に豆をまいて邪気を払い、歳神様をお迎えして新しい年の平穏と幸多いことを祈ってきました。
　この世に生を授かった者としましては、平穏で幸せな生活が今年1年にとどまらず生涯続いて欲しいと願うわけです。そして、できることならあの世でも極楽に往生し永遠に幸せな毎日を送りたいと願うものです。極楽浄土に往生するためにはまずこの世での生活を幸せにすることが大切だと言われています。
　そのためには感謝と奉仕の日々を送ることが最も早道なのです。感謝とはありがたいと思う気持ちです。奉仕とは世の為・人の為に行動することですが、そんな大げさなことでなくてもいいのです。夫の為、妻の為、子供の為、両親の為、隣近所の為、会社やお客様の為など身近な人の為に自分でできる範囲で行動すればよいのです。
　1日を終えて布団に入ったとき、今日1日の自分の生活が極楽浄土に繋がるものであったかどうか顧みることが大切と感じます。
　その尺度は今日1日で何回ありがとうと言えたか。また、何回ありがとうと言ってもらえたかではないでしょうか。

なかなかありがたいと思えないこの世の生活ですが、実は人間として命をいただいたこと自体がありがたいのです。仏教では輪廻転生を説き、成仏を目指して六道を輪廻し転生すると教えています。

六道とは、地獄・餓鬼・畜生・修羅・人間・天界ですが、輪廻転生には幸いなことに逆回りはないと言われています。人間として生を授かった私たちは、功徳を積んで天界に上る機会を与えられているのです。私たちは、この世で生活していて幸福だとか不幸だとか言っていますが、それではどんなときに幸福だと感じているのでしょうか。よく考えてみると、他人との比較で自分の幸・不幸を決めているように思えるのです。

隣の人より金持ちだとか、あの人より早く部長になれたとか、あの人は病気で苦しんでいるけれども自分は健康に暮らしている等と、他人との比較で自分の境遇を判断しているように思えるのです。

こうした考え方を水平の人生観というそうです。これに対しまして垂直の人生観とは他人との比較を止め、自分の過去の行いによって現在の自分があり、現在の自分の生き方が自分の未来を決めるという自分自身の縦の時間的つながりを見つめ、自分に振り掛かって来るすべての原因は我にあるとの思いを根底にした生き方です。

これから始まります皆様方の新しいひと月が、信仰者にふさわしい「垂直の人生観」に支えられた毎日でありますよう心からご祈念申し上げます。

ぶるなかれ、らしくせよ

先月は２月７日に開幕したソチオリンピックの応援で日本中の

方々が寝不足になったのではないでしょうか。

日本は若者の活躍で８個のメダルを獲得しましたが、今回のハイライトは何と言いましても日本選手団の主将を務めた葛西選手ではないでしょうか。41 歳というハンディを乗り越えジャンプ個人で銀メダル、団体で銅メダルを取りました。

１月にオーストリアで開催されましたノルディックスキーのワールドカップで優勝し、ワールドカップ史上最年長優勝記録を塗り替えましたが、今回のオリンピックでも我が国の最年長メダル獲得者となりました。

葛西選手の強さはどこにあるのでしょうか。私たちは新聞やテレビを見ていて、さぞ環境と才能に恵まれた幸運な方なのだろうと思ってしまいますが、そうではないのです。

「貧乏と闘いながら必死で働いて僕たちを育て、ジャンプまでやらせてくれた母には、いくら感謝してもし足りません」と葛西選手が語っているように、決して恵まれた環境ではなかったのです。

そのお母さんも火災で全身火傷となり、それが原因で亡くなりましたが、全身の 70％にも及ぶ火傷に苦しみながらも、記録に苦しむ葛西選手を励まそうと手紙をくれたそうです。そこには「今このときを頑張れ。絶対お前は世界一になれる。お前がどん底から這いあがって来るのを楽しみにしているよ」と書かれてあったと言うのです。

葛西選手は大事な大会の前にはこの手紙を読み返し、自分を奮い立たせると語っています。今回も恐らくお母さんの手紙を読み返してジャンプ台に臨んだことでしょう。

私たちは家庭的に恵まれ、経済的にも心配なく健康で過ごせることを幸せと思って、それを追い求めるわけですが、そこから何が生まれるのでしょうか。自分を向上させ、縁ある人々を励まし幸福に導くことができるのでしょうか。

葛西選手の精神的な支えとなったお母さんの行動に感動致しました。

「ぶるなかれ、らしくせよ」という諺がありますが、母親ぶらずに子供の状態を的確に捉えて母親らしく行動した葛西選手のお母さん。ぶる行動を取ると必ずそこには反発が起こります。らしく振る舞うことによって信頼や敬う気持ちが生まれます。

家庭・学校・会社どこでも言えることですが、それぞれ自分の置かれた立場で、らしく振舞う努力をすることが大切と感じます。

私も宗教家らしい自分になれるよう、このひと月、精進を重ねて参りたいと思っています。

これから始まります新しいひと月が皆様方に取りまして、それぞれの立場でらしく振舞える毎日でありますよう心からご祈念申し上げます。

家庭力・家族力

日一日と温かくなり家の周りの雪も目に見えて少なくなっています。雪の多い冬でしたけれども、時季が来ると必ず春が訪れてくれるのだと実感でき、本当にありがたいと感じる今日この頃です。

前回の国勢調査で日本の人口が25万人減っていることがわかり大きな問題となりました。北海道で申しますと第三の都市「函館市」が消滅したようなもので国力が低下すると心配しているわけですが、国力をどのように捉えるべきか考えさせられたニュースでした。

国力評価の基準になる正しい物差しはあるのでしょうか。人口でしょうか。領土の大きさでしょうか。それともオリンピックでのメダル獲得数なのでしょうか。

国力の柱に国民の幸福を目標にして国政に取り組んでいるブータンという国があります。前回の国民を対象にしたアンケート調査の結果84％の国民が幸福だと答えています。

日本のように資本主義の国ではＧＤＰと呼ばれる国民総生産で国力や国の豊かさを判断して来ました。最近になって私たちは物質的にどんなに豊かになっても、それが即、幸せにつながるとは限らない現実に気づかされました。むしろ新たな不平や不満を生み出しているのです。

学校や会社では他人との競争・比較によって評価することが当たり前になっています。しかし、人生は他人とは比較できないものです。私たちにできることは自分にあてがわれた人生を感謝して全力で務め上げること以外にないのです。

国の力もさることながら、もっと身近な問題として自分の家庭や家族の力が気になります。小さい頃、学校で収入に占める食費の割合を示すエンゲル係数により家庭の豊かさがわかると教わりました。

家族１人ひとりが携帯電話を持ち、家によっては車を２台も３台も持つ等、エンゲル係数で家庭の豊かさを評価できない時代になりました。

私たちは幸せな毎日を送りたいと願っていますが、家庭や家族の中に幸福と思っている人がどれ位いるのかによって、家庭や家族の力が決まるような気が致します。

家族が何を求め何を幸せと思うかによって私たちの日々の生活は大きく変わって来ます。地位や名誉を求め幸せになろうとするのか。物やお金を求めて幸せになろうとするのか。それともお互いに出会えたご縁に感謝し、想いを大切にし合って幸せを感ずるのか。

これから始まります皆様方の新しいひと月がブータン国家のよう

に家族の皆が幸福だと感じられるよう、家庭力・家族力を向上させ強固なものにできるひと月となりますようご祈念申し上げます。

求める人より求められる人

札幌も一段と春らしくなり、桜の芽が大きくふくらんで来ました。毎年この季節になりますと四国八十八か所を歩いてお参りしたことを思い出します。３月から４月に掛けて回りましたが、鶯の声を聞きながら満開の桜を追い続ける遍路でした。歩き遍路で学んだことが今でも役に立っています。

その１つは「少欲知足（しょうよくちそく）」ということです。一言で申しますと欲を出さずに足ることを知ることですが、36日間の遍路で途中３回自分の持ち物を見直し、いらない物を札幌に送り返しました。家を出るときはどれも必要最小限の物ばかりと思っていたのですが、実際に歩いてみますと、めったに使うこともなく背中の荷物を重くして足腰に負担を掛けていたのです。

体は借り物で自分の意のままにならないことも痛切に感じました。札所を打つために歩く距離を延ばそうとすれば、それだけ長い時間歩かなければなりません。車の移動であればアクセルを踏んでスピードを上げますと、いとも簡単に同じ時間で移動距離を変えることができます。私たちはそれをあたかも自分の能力と誤解してしまうことがあります。

これらの体験を通じ知っていることやわかっていることと実際にできることとは全く違うということをいやという程知らされました。現代社会の落とし穴もこの辺にあるように思います。

日常生活の中でテレビやパソコン等による実体験を伴わないバー

チャル体験が非常に多くなりました。

生活の知恵は体験からしか生まれません。昔はお年寄りを長い人生の中で多くの体験を積み、さまざまな知恵を身に付けた人として敬い大切に扱っていました。中国語で先生のことを老いた師と書いてラオシーと言いますが、実によい表現だと感心致します。

我が国が世界中で最も早く高齢化社会に突入すると心配し、加齢臭に象徴されますように高齢者を不潔なもの社会の負担になるものとして扱う風潮が強くなってきていることを非常に残念に思います。ある専門学校の看板に「求める人より、求められる人になれ」と書いてありました。

これから始まります皆様方の新しいひと月が家族や家庭は勿論のこと、社会からも求められる存在としての毎日でありますよう心からご祈念申し上げます。

自分の花を咲かせる

日本でも大変有名なサミュエル・ウルマンさんの「青春」と題した詩があります。私は30代後半にこの詩と出会って感動し、生き方を変えることになりました。特に「青春とは人生の或る期間を言うのではなく、心の様相を言うのだ」という始まりのところと「年を重ねただけで人は老いない。理想を失ったときに初めて老いが来る」というところに心ひかれたのです。

私と同じように、この詩と出会って救われた人や自分の生き方を変えた方も多いことでしょう。

ノートルダム清心学園の理事長をしておられる渡辺和子さんも詩と出会って生き方を変えられたお１人です。

30代半ばで前任者の急逝により突然学長に任命され、ご苦労されていたとき1人の宣教師が渡してくれた英語の詩の冒頭に書かれていた「置かれたところで咲きなさい」という言葉で我に返り、生き方を変えられ、そして、見事に自分の花を咲かせることができたというのです。

札幌の街は5月になりますと春を待ちかねていたように、一斉に花が咲き始め、1年中で最も美しい季節を迎えます。梅・櫻・チューリップ・スイセン等々、どの花も美しく私たちの心を癒してくれますが、花にはそれぞれ独自の個性があります。

櫻は1本の木に何千という花を着けますが、チューリップやスイセンは球根ごとに1輪ずつ花を咲かせます。櫻の木は毎年、枝を伸ばしてより多くの花を咲かそうと努力していますし、チューリップは球根を増やして、あたり一面に花を咲かせようとしています。

チューリップは櫻のように1つの球根で何千もの花を咲かせることはできないことを素直に受け入れ、自分なりの方法で咲かせる花を増やそうと努力しています。花が終われば来年の春のために努力を始めています。どんなに望んでも花を春から秋まで咲かし続けることはできないのです。

私たちの人生も同じではないでしょうか。ともすれば自分がチューリップであることを忘れ、近くで咲く櫻の大木を見て自分もあのように1つの球根で数千の花を咲かせたいと望んでは苦しんでいないでしょうか。また、菊の花を見て秋にも花を咲かせたいと悩んでいないでしょうか。

自分の花を知り、自分の花の咲く時期をわきまえ、自分らしい花を咲かせましょう。

これから始まります皆様方の新しいひと月が、自分らしい花を咲かせる為の大切な1日1日となりますよう心からご祈念申し上げます。

体育・知育よりも食育を

先月は北海道としては珍しく２週間以上も雨が続き６月の観測史上最多記録を更新しましたが、それも止んで夏らしい陽気となりました。

私たち信仰する者に取りまして身口意を正しく保って維持することは最も大切なことです。特に身近で日常的にできることは口に入る物と口から出る物に気を付けることではないでしょうか。口に入る物と言いますと食べ物ですから、今日は食事についてお話いたします。

「衣食足りて礼節を知る」という諺がありますが、食べるとは人をよくすると書きます。食べるという言葉の語源は「たぶ」と申しまして賜るという言葉から出ているのです。ですから尊い食べ物を賜ったのですから、感謝していただかなければなりません。

幸いに日本語には「いただきます」や「ご馳走様でした」という食事の前後に使う言葉があります。特に食事の前に唱える「いただきます」にはさまざまな思いが込められているように感じます。

野菜や魚・動物の尊い生命をいただくという意味もありますし、食材が食卓に並ぶまでには多くの方々の努力の積み重ねがありますので、その方々に対する感謝の気持ちを表現する意味もあるでしょう。

更には同じ時代にこの地球上に生を授かっていながら、十分な食事ができず飢えに苦しんでいる多くの人々がいる中で豊かな食事ができることに対する感謝もあるでしょう。

ある学校で給食のときに子供たちに「いただきます」を唱えさせ

たところ父兄から苦情が来たというのです。給食代を払っているのだから食べるのは当たり前だとの理由だそうですが、誠に残念な思いが致します。

私たちの宗派には食事の作法がございます。食事の前には食前観と申しまして「吾今幸いに仏祖の加護と衆生の恩恵によって、この清き食を受く。謹んで食の来由をたずねて味の濃淡を問わず。その功徳を念じて品の多少を選ばじ。いただきます」と唱えます。

また、食事が終わりますと食後観と申しまして「吾今この清き食を終わりて心豊かに力、身に充つ。願わくばこの身心を捧げて己が業にいそしみ、誓って四恩に報い奉らん。ご馳走様でした」と合掌して唱えます。

科学が進歩する一方で病院に通う患者の数は増え続けています。病んでいるのは体ではなく心のように思えてなりません。

医学の祖と言われる古代ギリシアのヒポクラテスは「食べ物で治せない病気は医者にも治せない」「台所は聖なる薬局である」という有名な言葉を残しました。全くその通りだと痛感致します。

食べ物が体質をつくり、体質が気質や性質をつくり、性質が人柄や人格をつくっているのです。

学校を卒業して就職し単身生活となった男性から、ネギ入りの納豆はどこのスーパーにもなかったと言われたことがあります。彼はお母さんがネギをきざんで入れていてくれたことを知らなかったのです。

大正時代に活躍したジャーナリストの村井弦斉は著書「食道楽」の中で「子供を育てるときには体育よりも知育よりも徳育よりも食育を先にすべし」と述べています。

これから始まります皆様方の新しいひと月が神仏に喜んでいただける体質をつくり、気質や性質をつくり、そして人柄をつくる理想的な食生活の日々でありますよう心からご祈念申し上げます。

生産の言葉・破壊の言葉

先日お墓参りのため美瑛に行きましたが、ラベンダーがちょうど満開で幸せな時間をいただきました。

先月は信仰する者として日常的に気を付けなければならない口に入るものについてお話させていただきましたので、今日はもう１つの口から出るものについてお話させていただきます。口から出るものと言いますと言葉です。

私たちはコミュニケーションの手段として毎日言葉を話しています。健康な人でしたら言葉を話さない日は１日たりともないと思います。それくらい私たちの日常生活に欠くことのできない大切な言葉です。

よい言葉はよい結果を生み、悪い言葉は凶事を生ずるといいまして、真心から発する言葉が大切だと言われています。神道では言霊と申しまして、言葉には生命が宿ると教えています。神職が唱える祝詞には特別な響きがあり、聴いていて深い安らぎを感ずると共に心身ともに清められた思いに浸ることができます。

「言うは易し、行うは難し」という諺がありますが、誠とは、いったことを成すと書きます。これは言葉と行動を一致させることが神仏に通じる真の姿であることを教えています。

仏教には六波羅蜜（ろくはらみつ）と申しまして菩薩が行うべき６つの実践徳目があります。その第一番目に取り上げられているのが布施です。布施とは物やお金を施し与えることで、皆様方の身近な例としましては月参りに来られたお坊さんにお渡しするお布施があります。

布施にもいろいろありますが、「無財の七施」と申しまして、お金の伴わない施しがあります。和顔施と申しまして常に笑顔で接することもその１つですが、愛語施と申しましてやさしく慈悲に満ちた言葉を掛けることも布施の１つなのです。

話す相手に施すという想いで言葉を発することができれば、私たちの日常生活も大きく変わるのではないでしょうか。

言葉には大きな力があります。使い方によっては暴力をふるう以上のショックを相手に与えることができますし、やさしく愛撫する以上のやさしさを伝えることもできます。

作家の三浦綾子さんが教会の牧師さんに「物を盗むのと悪口を言うのと、どちらが罪が重いですか」と尋ねたそうです。そうしますと牧師さんは直ぐに悪口をいうことのほうが罪が重いと答えたそうです。物を盗まれても自殺する人はいないけれども、陰口を言われて自殺した人はいるというのが、その理由だったようです。

言葉には生産の言葉と破壊の言葉があるように思います。相手を喜ばせたり、励ましたり、勇気づけたりして、互いの信頼や愛を生み出し人を幸せにする生産の言葉と、逆に相手を苦しめ、怒らせ、悲しませ、自殺にまで追い込む、いわば人間関係を破壊する言葉です。

これから始まります皆様方の新しいひと月が、生産の言葉で満たされ、ご縁ある人々を幸せにする毎日でありますよう心からご祈念申し上げます。

仏教の呼吸法

今では外出のときにはマスクの着用が不可欠となり、暑い日は息苦しく感じている方も多いのではないでしょうか。そこで今日は呼吸についてお話させていただきます。
お釈迦様は29歳のときに妻子や両親と別れ出家して、6年の間さまざまな苦行をされました。苦行の中には息を止めて耐えるような命懸けの修行もありました。息を止めることによって体内に溜まった息が鼓膜を破って出たとき、鋭利な刃物で脳天を突き刺されたような痛みを感じたと表現しています。
こうした苦行の中で、止息は間違いだと気づき発想を転換して、今度は呼吸に集中する修行を始めたのです。始めは呼気と吸気を共に長く続けていましたが、最後に呼気に集中する呼吸を完成させ瞑想の充実を図って悟りに至ることができたのです。
初期経典とされる「雑阿含経」では正しい呼吸こそ悟りへの道として、呼吸法の修行に励むと禅定が深くなり、慈悲の心を得て悟りに至ると教えています。
仏教には「大安般守意経（だいあんぱんしゅいきょう）」という呼吸法に特化した経典があります。安般守意とは「心を込めた呼吸」という意味です。この経典には「出る息は長く心を込めよ。吸う息は短く。この呼吸を頼りに真理に気づけ」とあり、呼吸により心身の浄化を図って悟りを開くことを教えています。
腹式呼吸をしますと胸部と腹部が同時に圧縮され、それにより腹部からは多量の静脈血が心臓に送られます。胸部からは大量の炭酸ガスが吐き出されるため同量の酸素が入って来ます。その結果、大量の血液と酸素が肺でドッキングして全身に循環することになり、免疫力が高まりストレスの解消に繋がるのです。
更には食事の量が減り、体質が変わることによって自然と菜食に導かれるのです。お釈迦様が亡くなる80歳まで1日1食で修行を続けられたのも呼吸法を実践していたからではないでしょうか。
私たちは1日に約2万回の呼吸をしていますが、この呼吸を整えることによって心身を整え、生き方をも整えることができるのです。たかが呼吸と思いがちですが、されど呼吸なのです。

これから始まります皆様方の新しいひと月が呼吸を整える日々となり、悟りに近づける日々となりますようご祈念申し上げます。

天職にハタメク

10月は神様を象徴する月です。全国いたる所の神社・仏閣で秋祭りが行われるのはそのためです。私の道場も第4日曜日に1年間の御加護に感謝を込めて秋季大祭の護摩を厳修致します。

神事の祭りは日本人の労働観と深いつながりがあります。キリスト教徒の方々の労働観はアダムとイブが禁断の木の実を食べた償いとして、女性は出産の苦しみを受け、男性は労働の苦しみを背負うことになったという苦役に繋がっています。日曜日は神様の許しを得て、こうした苦役から解放された安息日なのです。

私たち日本人は働くことを苦役と考えるどころか、天職・神業として誇りに思い美徳として来ました。私たちの先祖は農耕民族ですから春に種を蒔き、丹精込めて育て、秋の収穫を迎えていました。

どんなによい種を蒔き、朝暗い内から畑に出て草を取ったり、肥料を与えても秋によい収穫ができる保証はありません。冷害や干ばつ、時には収穫寸前に台風が来たりしますと、それまでの努力も報いられず思うような収穫はできません。

先祖はこうした自分の力ではどうすることもできないことを何度も繰り返し体験している内に、自分の力を超えた要因の解決を目に見えないものに求めました。

春には山から氏神様をお迎えして秋までのご加護を祈りました。

これが春祭りとなったのです。半年の間、それこそ腰が曲がるくらい働き詰めの日々を送り無事に収穫できたときには氏神様のご加護と受け止めて、報告と感謝の祈りを捧げました。これが新嘗祭とも呼ばれる秋祭りとなったのです。ですから自分の畑で採れた一番よい品を神様にお供えし奉納したのです。

働くとは人が動くと書きます。この言葉の語源には「ハタメク」とか「ハタを楽にする」との意味があります。ハタメクとは魚を水から出して板の上に置いたときのパタパタとハネ回る姿を表現したもので、活力や元気いい動きを意味しています。ハタを楽にするとはまさしく自分の労働を通じて世の為・人の為に貢献することです。

自分の得意とすることで、または自分の好きなことで、更には神仏から授かった仕事で自分の生活を支えてくれているすべてに恩返しさせていただく。そのために就職し働くのです。

労働の目的がお金を得るための手段になっていないでしょうか。お金が欲しいから仕方なく働いていないでしょうか。お金に困らないから働かなくていいと思っていないでしょうか。

この世に生ある限り報恩謝徳を願って身を動かし働きたいものです。

これから始まります皆様方の新しいひと月がハタメキ、そしてハタを楽にさせる日々でありますようご祈念申し上げます。

10万時間の与生

本日は寒い中ご参拝いただきまして誠にありがとうございます。

手稲山が雪で白くなりストーブなしでは過ごせなくなりました。自動車のタイヤを替えたり、庭の冬囲いをするなど北国ならではの季節になりました。

先月は働くこと、特に日本人の労働観についてお話させていただきましたが、私たちは生涯を通じ、一体どのくらいの時間働いているのでしょうか。

大卒で就職し65歳の定年退職まで43年間勤めた場合を考えてみますと、週45時間働くと致しまして、1年間で2340時間、43年間では100620時間になります。

私のサラリーマン生活を顧みましても本当に長い43年間だったと感じますが、この間で働いた時間と同じ時間をもう一度与えてもらえるとしましたら、皆様はどうされますでしょうか。

そんなことあるわけがないと思われる方もおいででしょうが、決して夢のような話ではなく、殆どの方がこの時間を享受しているのです。

65歳で仕事を辞め85歳まで生きるとしまして、1日24時間の内、14時間を自分のしたいことに使わせていただくとしますと、1年間で5110時間、20年間で102200時間になり、43年間の労働時間に匹敵する時間になります。

人生は1回限りでやり直しはできないと思ってしまいがちですが、実は65歳から人生をやり直すことができるのです。65歳までに築き上げた人脈や信用、そして、それまでの経験で身に付けた知恵を活かすことができれば、65歳からの10万時間はサラリーマン時代の労働時間の2倍にも、3倍にも内容のあるものにすることができるのです。

私たち退職者はこの10万時間をどのように過ごすかを問われています。経済的に心配なく健康な体と自由な時間を与えられたときほど心しなければなりません。

仕事を離れた後の人生を余生と表現するとがありますが、余生とは書いて字のごとく人生の余りの部分を意味し、活動期を過ぎた生涯の残りの部分を指している表現のように感じます。それでは余りにももったいない気が致します。現役時代は仕事や子育てなど目の前のことに精一杯の毎日を余儀なくされていたのですから、仕事や子育てから解放された退職後の人生ほど大切なものはありません。

人によってこの期間の長さは違いますけれども、しがらみから解放され、その人らしい人生を歩むために神仏が与えてくれた人生で最も大切な与生としての時間なのではないでしょうか。

「終わりよければすべてよし」という諺がありますが、この与生の10万時間の使い方、過ごし方次第で私たちの人生は質や内容を大きく変えてしまうように思えます。

これから始まります皆様方の新しいひと月が納得のいく与生に繋がる日々でありますようご祈念申し上げます。

人事を尽くす

早いもので今年も残すところ後ひと月となりました。年を取るごとに時の経つのが早くなり、アッという間に1年が終わってしまいますので、自分の生き方が間違っていたのではないかと感じてしまうことがありいます。

若い時代に想像していました老後とは、ゆっくりした時間の中で悠々自適の生活を送り、毎日余裕に満たされた自分を満喫することでした。けれども、67歳になった今、自分の毎日を考えてみますと、若いときに想像していた生活とは天と地ほども掛け離れたものになっていて、どこか違和感を覚えてしまいます。が、これも自分にあてがわれた宿命と納得しているところです。

皆様に取りまして今年１年はどのような年でしたでしょうか。私に取りましては変化に富んだ新たな出発の年となりましたが、ご縁をいただきました方々の温かいご支援ご協力によりまして無事に過ごすことができました。

本当にありがたく、ただただ感謝あるのみですが、その中で16年前に先輩行者に教えられたことを想い出しました。

それは修験道の修行の中でも奥駆修行に次いで過酷と言われる護摩加行を修行していますときに指導に当たってくれていた先輩の行者さんから教わったことです。

私たちのように僧侶としての立場にある者には守らなければならない幾つかの戒律がありいます。越法罪（おっぽうざい）や波羅夷罪（はらいざい）など、その殆どはしてはいけない禁止事項を犯した罪を説くものです。

しかし、これらの罪とは全く逆でしなければならないことをしなかった場合に罪となる退三昧耶罪（たいさんまやざい）という罪のことを教わったのでした。それは不作為の罪とも言うべきもので、自分の置かれている立場によって与えられた権限や責務などを行使しないときに問われる罪なのです。

修行の半分が過ぎようとするとき、覚えの悪い修行者に「そんな修行の仕方で下山してから１人で護摩を焚けると思っているのか」と激を飛ばしたところ、言われた修行者が「資格を取っておきたいと思って入行しただけで、下山してから護摩を焚く気などない」と答えたときに、そんなことではいけないと修行者全員に説いて聞かせてくれたのが退三昧耶罪だったのです。

あれから16年の歳月が流れました。この間、伝授された秘法を大切に毎月護摩を焚き続け精進を重ねて来たつもりでしたが、この罪に抵触することは何も宗教家としての行為に限ったことではないと気づかされました。

子供であれば親にしなくてはならないことがありますし、子供に対しましては親としての責務があります。年末を迎え今年１年の自分を振り返ってみまして、自分の置かれているさまざまな立場の責務を十分に果たし得ただろうかと反省し懺悔させられる毎日です。
「人事を尽くして天命を待つ」という諺がありますが、来年こそ神仏から退三昧耶罪の指摘を受けることのない日々を送りたいと願っています。皆様がよい新年をお迎えできますことを心よりご祈念申し上げます。

言祝(ことほ)ぎの言葉を発す

皆様におかれましてはご家族お揃いで新年を迎えられたこととお慶び申し上げます。新年を迎えますと「おめでとうございます」と挨拶を交わしますが、どうしておめでたいのでしょうか。
家族揃って新しい年を迎えられたことが何よりありがたくおめでたいのですが、それ以上に過去の１年がどんなに苦労の多い年であったとしても、新たな気持ちで新しい１年をスタートさせることができるからではないでしょうか。
宗教家として今年こそ言葉を慎み、生産の言葉を発し続ける日々を送りたいものだと願っています。
私たちはこの世で生活していて不動産やお金、会社などさまざまなものを自分のものと思っていますが、人に与えてなくなるものは自分のものではないのです。私たちはそれをあたかも自分のものと誤解し、執着心を燃やして悩み苦しんでいるのです。
人に与えてもなくならないものこそ本当の自分のものなのです。与えても与えても、いくら与えても言葉はなくなりません。心の中から湧き出る言祝ぎの言葉こそ、人類を幸福にする根源ではないでしょうか。

言葉は、神仏から誰もが平等に授けていただいた生涯なくなることのない真の宝物です。また、他人を喜ばすことのできるお金の掛からない最良の贈り物でもあるのです。

仏教には「重々無尽」という教えがあります。私ちは1人孤立して生きることはできません。網の目のように縦にも横にも無限に繋がった人々とのご縁に支えられ生かされているのです。

ですから、その調和を図り共存共栄の世界を創り出すことが私たちのこの世の使命なのです。そのためには己を活かし、それによってご縁をいただいた人々をも活かす道を歩まなければなりません。これが天の道であり神仏が私たちに求めている道なのです。

他人を犠牲にして自分だけが栄えても本当の繁栄とは言えませんし、自分を犠牲にして他人を助けても神仏は喜ばないのです。

言祝ぎの言葉を発することによって昨日より今日、今日より明日と、ご縁をいただいた人々と共に1歩1歩繁栄の道を歩んで行きたいものです。

これから始まります皆様方の新しい1年が言祝ぎの言葉で満たされ、ご縁をいただいた人々を幸せにする毎日となりますよう心からご祈念申し上げます。

奴隷解放を目指して

先月は寒い日が続き雪も多く大変なひと月でしたが、2月3日は節分です。節分が過ぎますと自然は春に向けて動き出し、南の方からは花の便りも届く季節となります。

星回りから申しますと、節分を境に新しい年が始まることになります。新年を迎え今年１年の計画や目標をたてた方もいらっしゃると思いますが、私は今年こそ奴隷解放を目指して精進したいと願っています。

私が宗教の世界に入るきっかけとなりましたのは、趣味で続けて来た尺八が吹けなくなったからでした。今から32年前のことです。宗教の世界に入りまして自分を冷静に見つめることができるようになり「波紋の中心に立つ」との思いに至りました。そのお蔭で再起でき音楽活動を続けて来られました。

波紋の中心に立つとは、組織のトップになるとか一番になるとかではありません。

静まりかえった池の水面に小石を投げ入れると石の落ちた所を中心に波紋ができます。その中心から少しでも離れた所では一定の周期で波が押し寄せて来ます。乗り越えても乗り越えても次から次へと波が押し寄せて来ます。小石を投げ入れた中心は静かで波はありません。波紋の中心に立つとは他人との比較を止め自分本来の吹奏に徹することだったのです。

人生も同じだと感じます。そもそも人生とはその人固有のもので、他人とは比較できるものではありません。私たちが抱える悩みの多くは他人との比較によって生まれているように思えます。

アメリカのリンカーン大統領が奴隷解放宣言に署名して150年以上が経ちました。今どき奴隷など日本は勿論のこと、この地球上に存在しないと思ってしまいますが、何と自分自身が奴隷になっていることがあるのです。辞書を調べてみますと、奴隷とは「あるものに心を奪われ、それにしばりつけられている人」とありました。

肉体を拘束されることがなくても、お金や物・地位・名誉に心を奪われ、しばられていることがあります。自分の心を観察してみますと奴隷化した自分に気づきハッとするときがあります。今年こそ奴隷から解放された日々を送ることができるよう精進を重ねて参りたいと願っています。

これから始まります皆様方の新しい１年が豊かで実り多い年になりますよう心からご祈念申し上げます。

八正道を目指して

今年も早いもので３月に入りお彼岸の季節になりました。「暑さ寒さも彼岸まで」と言いますが、ありがたいことにコロナ禍の中にあっても、例年のように春の訪れを身近に感じられる日々となりました。

今日は仏教の教えの中でもお釈迦様が悟りを開かれて最初に説かれた四諦八正道（したいはっしょうどう）の内、苦を滅して涅槃に至るための方法・手段として説かれました八正道についてお話させていただきます。

八正道とは、欲望を追求する快楽生活や命を削るような苦行生活など苦楽の両極端に陥る生活を離れ、中道を守って生活することによって悟りに至る道とされています。

具体的には正見・正思・正語・正業・正命・正精進・正念・正定の八つの実践徳目のことです。

正見とは、正しい見解やものの見方を指し、仏教の教えを知る智慧です。

正思は、貪りや怒り・愚痴などから離れるための思いや決意です。

正語は、常に愛に満ちた慈しみに裏打ちされた思いやりのある言葉を発することです。

正業は、正しい行為・行動ですが具体的には人々を喜ばせ、世の中を明るくする行動と言えます。
　正命は、正しい生活を営むこととされていますが、簡単に言いますと人間らしい、親らしい、先生らしい等、自分の置かれた立場にふさわしい生き方や生活を守ることではないでしょうか。
　以上の正語・正業・正命は、身口意（行動・言動・意志）による善行・陰徳積みの実践ということができます。
　正精進は、正しい努力と言われていますが、時間を無駄にせず怠ることなく常に勤め励むことです。正念は仏教の教えを忘れず、常に記憶に留めて心に念ずることです。
　最後の正定は、これまでの７つの項目を実践するために常に冷静に自分を見つめ、心を乱さず自己研鑽を重ねることです。宗教的な言い方をしますと心身一如を求めて究極的には霊魂と肉体との調和を図ることではないでしょうか。
　ややもすると私たちは自己中心的な生活をしがちですが、愛ひとつ取りましても「求める愛」から「与える愛」「活かす愛」「許す愛」へと高めて行きたいものです。
　これから始まります皆様方の新しいひと月が春を迎えるにふさわしい、温かく愛に満たされた毎日になりますよう心からご祈念申し上げます。

病気はチャンス

　長い冬も終わり春が日一日と近づいて来るのが肌で感じられる季節となりました。北国に住む私たちに取りまして１年中で最も希望に満ち、気持ちが高揚する時期ではないでしょうか。
　私のような年になりますと、仕事や知人・友人との集まりがございましても、話題はどうしても体の調子や病気に関することになってしまいます。
　私が生まれ育った戦後の時代に比べまして、今では食生活は勿論のこと、住環境も飛躍的に改善されましたし、過酷な労働をすることもなくなりましたが、病院に通う患者さんの数は増え続け、どこの自治体も医療保険の負担に頭を抱えています。
　科学が発達し医療技術が進歩した今日では昔に比べまして患者さんの数が激減してもよいはずなのですが、逆に増え続けているのが現状のようです。
　お釈迦様はこの世での避け難いものとして生・老・病・死という４つの苦しみをあげられ、病気を４大苦しみの１つとしてお説きになっています。
　病気がこの世に生きる私たちに取りまして避けることのできないものであるならば、一体どのように向き合い対処すればよいのでしょうか。
「健康になれるのなら地位も財産もいらない」とおっしゃられたガン患者の方がいらっしゃいます。この方は病気になって健康を失いましたけれども、私たちのこの世の修行のテーマでもあります執着心からの解放を果たされた方で、まさしく悟りの境地に辿り着いた方だと言えるのではないでしょうか。
　また、明日はないと宣告されました末期ガンの患者さんが朝日を拝んで奇跡的に完治した例があります。明日は命がないと覚悟を決め、この世の最後の眠りに着いたと思っていたのに翌日、目を覚ますことができ「ああ、今日も命をいただけた」と思わず朝日に手を合わせありがたい気持ちを行動に移されたのでしょう。
　２つの例をお話しさせていただきましたけれども、どちらも病気という体験を通じた気づきの大切さを私たちに教えてくれています。病気はチャンスだと感じます。

病気になったことで健康のありがたさや家族のありがたさ、働けるありがたさや食べられるありがたさなど、日頃、健康なときには当たり前と思っていた多くのことに対し「ありがたい」という気持ちを起こさせてくれているのではないでしょうか。

病気は私たちの生き方や考え方を変える絶好のチャンスを与えてくれています。

先程の例でも朝日を拝む行為そのものに効力があって病気が治ったのではありません。ありがたいという感謝の気持ちを抱くことにより免疫力や治癒力が高められ、結果として病気が完治したのだと思います。

私たち凡人はとかく失ったものに気持ちを奪われ失意の念にかられますけれども、失ったお蔭で得たものがあることに気づき、感謝することが大切なのではないでしょうか。

そして、感謝の思いを行動に移して、生き方を変えられるよう努力したいものです。

これから始まります皆様方の新しいひと月が体験を通じ、新たな気づきを得て感謝の気持ちに満たされた毎日となりますよう心からご祈念申し上げます。

人生即遍路

今年は春の訪れが早く街のいたる所で桜の花が満開となり、庭の水仙やチューリップも咲き始めて１年中で最も美しい季節となりました。

毎年、桜の花を見る度に四国八十八ヶ所を歩いて回ったときのことを思い出します。今年は４月８日に小樽を出発して 10 日からお遍路さんとして歩き始めた２人の青年との出会いがありましたので、例年とは違う気持ちで遍路体験を思い起こすことができました。

13 年前のことになりますが、修行の道場も終わりに近い 37 番札所岩本寺に向かっているとき、タクシーの運転手さんに「バスや自動車で回るのと歩いて回るのとでは、ご利益が違うのか」と尋ねられたことがありました。ご利益と言えるかどうかわかりませんが、歩き遍路だからこそ実感でき、学べたと思われることをお伝えしたことがありました。

その１つは生まれて始めて歩く四国の道ですから、札所から札所への進路は地図や標識を確認し自分で探しながら歩くことになります。ですから山門が見えますと「アー無事に辿り着くことができた。ありがたい」と思わず合掌する気持ちになるのです。

２つ目は土地の方々との触れ合いの素晴らしさです。登校時間に歩いていますと、小学生から高校生まで子供たちのほうから「おはようございます」と挨拶してくれます。そんな日は本当に気持ちが洗われた想いに浸ることができます。

土地の方々との触れ合いと申しますと、お接待があります。大変暑い日で自動販売機もないような山の中を歩いていましたときに、農家の方が自転車で追いかけて来られペットボトルに入れた冷たい水をお接待だと言って渡して下さいました。

本当に心の底からありがたい、救われたと思ったことを昨日のことのように思い出します。

３つ目は自分の体も借り物で決して意のままにはならないことを痛感したことです。足の裏にマメができたり、膝や腰に痛みが生じますと歩く気力はありましても、どうすることもできなくなります。ですから１日の行程を無事に歩け宿に着くことができますと自然と無意識のうちに足をさすりながら「今日もよく歩いてくれてありがとう」という言葉が出て来るのです。

４つ目は持ち物のことです。もしものことがあってはと着替えや飲料水・雨具など装備を完璧にすればするほど背中の荷物は重くなり足腰の負担は大きくなります。遍路の途中３回にわたって不要な物を札幌に送り返しましたけれども、人生や日常生活も同じことがいえるのではないでしょうか。分相応以上のものを望み求めますと悩みや苦しみになります。

87 番札所長尾寺の山門の横にある石碑に山頭火の「人生即遍路」という言葉が刻まれていました。まさしくその通りだと感じました。36 日間の歩き遍路でしたが、54 年の人生を振り返りつつ、亡き父と語り合いながらの遍路でした。

今月末には２人の青年も無事結願して戻って来ることでしょう。

これから始まります皆様方の新しいひと月が失うことのない真のご利益に満たされた日々となりますよう心からご祈念申し上げます。

死節時を廃す

先月は寒い日が続き朝晩はストーブがこいしくなる程でした。出窓で育てていましたトマトやキュウリの苗が大きくなりましても庭の畑に植えることができず困りましたので、今月は温かくなって欲しいと願っています。

仏教の教えの中でも最も大切と言われています三法印の教えの１つに「諸行無常」があります。この世に存在するすべてのものは刻一刻と変化し、一瞬たりとも変わらずに現状を維持することができないことを教えてくれています。この教えに従って生きるとしますと、過ぎ去った過去に囚われることなく、また、未来に不安を抱かず一期一会の精神で、ひたすら今を生きる以外にありません。このことは時間を大切にして生きることでもあります。

時間と言いますと、高校生のとき、発変電を教えてくれていた先生のことを思い出します。

先生は教室に入って来るなり黒板に大きな字で「死節時を廃す」と書き語り始めました。死節時とは何も生み出さない、いわば死に時間のことで、日常生活の中で目的なく、漫然として過ごす時間、言い方を変えますと無駄に過ごす時間をなくす努力をしなさいとのことだったのです。

先生は電力会社を辞め、中途採用で高校の教師になられた方で、私が在学中に旭川の高専に栄転して行かれました。授業の内容は忘れましたが「死節時を廃す」という言葉は今でも忘れることができません。

私たちはお金や物を無駄にしてしまったとき、もったいないことをしてしまったと反省しますが、時間を浪費しても、もったいないことをしたとの気持ちにはなかなかなれないものです。

それは物やお金と違い時間は自分で努力しなくても毎日必ず与えられますので、幾らでもあると思ってしまうからではないでしょうか。

実際には、残されたこの世の生活時間は刻一刻と少なくなっています。

神仏は怠惰な生活を嫌うと言われていますから、死節時をなくそうと努力して生活することは神仏に喜んでいただける日々を送っていることになります。

これから始まります皆様方の新しいひと月が時間を大切にでき、信仰者にふさわしい毎日となりますよう心からご祈念申し上げます。

即身成仏(そくしんじょうぶつ)を願って

早いもので今年も半年が過ぎました。新年を迎え1年の目標をたてたと思っていましたら、もう残すところ半年になってしまいました。

7月はお中元の季節でデパートやスーパーには贈答品のコーナーが設けられています。そもそも7月15日の中元は古代中国の道教の教えに基づく天神信仰で、1月15日の上元、10月15日の下元と合わせ三元の日の1つとなっています。

上元の日には天神を、中元の日には地神を、そして下元の日には水神を奉る習慣でしたが、中元の地神が慈悲の神様で罪を赦して下さる働きをすることから盂蘭盆会と結びつき、先祖を供養して成仏を願う習慣となりました。

日本では先祖を供養するのではなく、日頃お世話になっている人に贈り物をし感謝の気持ちを表す習慣となりました。

信仰する人の願いは1つ、輪廻転生の世界を卒業して悟りの境地に到達することです。私たちが理想とします神仏の世界は遠い存在のように感じられます。仏典では億劫という単位で表現し、考えられない程長い時間を掛けなければ神仏の世界には行けないと説いています。一劫とは、100年に一度天女が高い岩山に舞い降りて来て羽衣で頂上を撫で、その摩擦で岩山がなくなるまでの時間ですから、限りなく無限に近い時間を表しています。その億倍ですから、とても想像できない位の時間になります。

気が遠くなるような時間を掛けなければ神仏の世界を観ることはできないのでしょうか。

高齢化社会が進み介護を必要とするお年寄りが増え、どこの施設も人手が足りず困っています。母の知人で 50 代から難病のため手足が動かなくなり 30 年以上も寝たきりの生活をされている方がいらっしゃいます。

自分たちを育ててくれた親だから施設には入れたくないと３人の娘さんが協力しあって自宅介護を続けられています。

娘さんたちに支えられて日々を送るお母さんは「食事も食べさせてくれるし、お風呂にも入れてくれ本当にありがたいの。私、王様になったみたい」と申されました。

このご家庭のお話を伺って、まさしく神仏の世界だと感じました。今年は弘法大師が高野山を開いて 1200 年の記念の年に当たります。お大師様は即身成仏（そくしんじょうぶつ）をお説きになりました。この世で生活しながら悟りの境地に到達し成仏することなどとてもできない、恐れ多いことだと考えてしまいますが、このご家庭のお話は生きながらにして神仏のようになれることを私たちに教えてくれています。

これから始まります皆様方の新しいひと月が即身成仏を目指して自分の心を、そして家庭の中を神仏の世界のようにできる日々でありますよう心からご祈念申し上げます。

母の恩は海よりも深し

母と食卓を囲んでいますと昔のことですが、近所に住んでいた人たちのことを思い出します。

それは、投げたはずの欠けた茶碗やヒビが入った皿を並べて遊んでいる子供を見て、不思議に思った母親が声を掛けると、子供は「お母さんがおばあちゃんになったら、このお茶碗でご飯を食べさせるんだ」と答えたそうです。それを聞いてお母さんは自分のしていることに気づき改心したというお話です。

ご主人を送り出した後、同居していた姑さんや子供との朝食になるのですが、年寄りは不潔だと欠けた茶碗やヒビの入った皿など不要になった食器で姑さんに食事を出していたらしいのです。そうしたお婆さんの扱いを見ていた子供が投げた茶碗や皿を集めていたのです。

葬儀がご縁で、ある中国残留孤児の母子家庭の方とお付き合いさせていただいています。国交回復と同時に自力で帰国された方で、子供のことを考え生活保護を受けずに頑張って来られた方です。娘さんが中学生になり部活をするようになったとき、友だちから父親がいないのにどうやって生活しているのか尋ねられたそうです。お母さんが清掃の仕事をしていると伝えますと、友だちは日本人はしたがらない仕事だと言ったそうです。学校から帰宅した娘さんが「誰もしたがらない仕事しているお母さんって偉いんだね」と声を掛けてくれたそうです。

２つの例をお話しさせていただきましたが、私たちは我が子の不甲斐なさに失望するときがありますが、それはすべて自分がして見せてきたことであり、原因我にありなのです。

仏教には「父母恩重経」というお経があり、親の恩徳を詳しく説いています。身ごもった子を守る「懐胎守護（かいたいしゅご）」の恩に始まって、出産の苦痛に耐えて生んでくれた「臨産受苦（りんさんじゅく）」の恩や母乳を飲ませ育ててくれた「乳哺養育（にゅうほよういく）」の恩、そして汚れたオシメもいとわず洗ってくれた「洗濯不浄（せんかんふじょう）」の恩など10種類の恩を説いていますが、そのほとんどは母親の子育てに対する恩なのです。

これから始まります皆様方の新しいひと月が母の恩に報いる日々となりますようご祈念申し上げます。

第二章

海で山菜を探す

迷いの根源は無明にあり

今年の夏は家庭菜園の夏野菜が豊作でした。お蔭で食卓には毎日、完熟した野菜が並び、本当に贅沢な食事をさせていただきました。

庭の畑を見ていまして自然の素晴らしさや完全さに感銘させられます。それに比べ自分の生活が何と未熟で不完全なことか。反省させられる毎日でした。

自然の営みは常に局面に合わせ無理せず、それでいて最善の方向へと進んでいます。

私たちの人生も自然と同様、時や場面に合わせ、背伸びせず、日々最善を尽くす以外にありません。最善を尽くすためには与えられた場面で自分がなすべき最善とは何かを悟っていなければなりませんが、これがとても難しいのです。

冬の畑に種を蒔くことは最善どころか最悪だということは誰もが知っています。ところが、私たち凡人は人生の大事な局面で、この最悪ともいうべきことを最善の行為と誤解して、してしまうことがあります。

そして、こんなに努力し頑張っているのに、どうして局面が改善しないのかと悩み苦しんでいるのです。あげくの果てには自分を被害者にし、責任を周囲の人々に転嫁してしまったりします。

こうしたことは海や川に船を出して山の幸を探し求めていることと同じだと感じます。

どんなに努力しましても目的を達成することはできません。山菜を求めるのでしたら山に入るしかありません。

たとえ山菜を求め山に入ったと致しましても、キノコを取るために春の山に入ってもキノコを見つけることはできません。偶然、見つけたと致しましても、昨年秋のキノコで食用にはできません。フキやウドは春の山、キノコやブドウは秋の山でなければ収穫することはできません。

このことは時と場所を選ばなければ求めている山の幸を得ることはできないことを教えてくれています。私たちの人生も同じことが言えるのではないでしょうか。

仏教では私たちの煩悩の根源が貪欲(どんよく)・瞋恚(しんい)・愚痴(ぐち)の三毒にあると教えています。この三毒の中でも愚痴は無明、無知とも言われ、貪りや怒りをつくり出す元凶と言われています。

「迷いの根本は無明に有り」と言われるゆえんがここにあります。

これから始まります皆様方の新しいひと月が局面にふさわしい最善の行為で満たされ、実り多い人生につながる日々となりますようご祈念申し上げます。

家宝を残す

暑い夏も終わり自然は実りの秋を迎えています。庭のリンゴもアカネが収穫の時期になりました。今年も太い枝が曲がる位、たくさんの実を付けてくれました。自然は１年の営みの結果として無言にもこれ程大きな成果を残しています。

私たちも晩年を迎えますと人生の集大成として自分の生きた証しを残したいとの思いに駆られます。そして、せめて可愛い子供のために財産を残してやりたいと願うものですが、「子孫に美田を残さず」という諺があります。この諺は苦労して財産を残しても子孫を幸せにできないことを教えてくれています。財産を残したことにより兄弟の仲が悪くなり、逆に子供たちを不幸にしてしまうことだってあり得ます。

明治に活躍した福沢諭吉は「学問のすすめ」を著し、慶応義塾を創設して日本の将来を担う青年たちに大きな影響を与えましたが、こうした諭吉の生き方は父が残した家宝によるのではないでしょうか。

江戸時代、一文銭を96枚輪にすると100文として使える習慣がありました。諭吉の父がその輪から数枚の一文銭を抜き取って出掛けたところ、家族がそれを知らずに魚屋の代金として渡してしまったのです。帰宅してそのことを知った諭吉の父は人足を雇って魚屋を探し出し、不足した代金を支払ったそうです。

その一文銭を諭吉は父の人柄・生き方を現す家宝として子々孫々まで伝えて欲しいと言い残したそうです。

明治の日本に取って福沢諭吉は欠くことのできない人物でしたが、そうさせたのは親が残した財産ではなく生きざまそのものだったのです。

仏教には人の生き方を端的に表現した「七仏通戒偈（しちぶつつうかいげ）」というお経があります。

諸悪莫作　衆善奉行　自浄其意　是諸仏教　という16文字の短いお経です。「もろもろの悪をなさず、ありとあらゆる善を行い、自らの心を浄めよ。これが諸仏の教えである」との意味です。

このお経は法句経という現存する最古の経典の中に納められているもので、有名なエピソードが残っています。

中国の大詩人である白居易が鳥果禅師に仏法の大意を問い掛けたところ禅師は七仏通戒偈を用いて「諸悪莫作　衆善奉行」と答えました。それに対し白居易は「そんなことは３歳の子供でも知っている」と反論したのです。禅師はそれを聞いて「３歳の子供でも知っていることを白髪の老人が実行できない」と諭しました。
これから始まります皆様方の新しいひと月が子々孫々とまで行かずとも、せめて子供や孫に「お父さんのようにありたい。お爺さんのようにありたい」と思って貰え、子孫を幸せに導ける日々でありますようご祈念申し上げます。

中今を生きる

皆さんご存知のように修験道は神仏混淆の宗教です。今日、護摩を焚かせていただきましたが、護摩の修法は仏教、特に密教から取り入れたもので、皆さんが唱えて下さいました「般若心経」は仏教のお経です。
このように作法や経典は仏教から取り入れたものですが、思想的には日本独自の古神道の精神を根底にしています。
神道の世界では、精神的な支えとして「中今思想」を大切にしています。
具体的には「中今を生きる」と申しまして、自分の存在は両親がいたからで、両親は祖父母がいたからで、祖父母は曾祖父母がいたからで・・・。
というように自分の存在のためには数え切れない程の祖先の命のリレーがあったからで、自分も子供や孫へ命のリレーをして行かなければいけない。このように気も遠くなるような永い時間を掛けた命のリレーの中間に当たる今を、自分は生かされているのだとの自覚を持って、大きな流れの中で自分の果たすべき役割を担えるよう精進するということです。
皆様方に取りましてこの１年、親として、また祖父母として子供や孫のことを思わない日は1日たりともなかったのではないでしょうか。それに比べ自分を生み育ててくれた親を思い、先祖に感謝する日は何日あったでしょうか。

私もそうですが、余りにも差があり過ぎる日々だったように思います。「中今を生きる」とは、私たちが子供や孫を思うのと同じように親や先祖もまた私たちのことを思っていてくれたのだとの想いに至ることが大切だと教えてくれています。

中今を生きることは川の流れに似ています。川は下流になる程、川幅が広くなり水量も豊富になります。これが川の自然な姿な訳です。

私たちの命のリレーも同様に子供や孫が自分より豊かに栄えていることが本来のあるべき姿だと感じます。

上流からたくさんの水が流れて来ているのに下流を見てみると、夏枯れのように水が少なくなっている場合があります。上流から流れて来た木やゴミが自分の所でひっかかり水を堰き止めていたり、自分の所の川幅が急に狭くなっていたために上流から流れて来た水が氾濫したりして下流に流れなくなる等、原因はさまざまだと思いますが、原因を解決すると水はドット音をたてて下流に流れ出します。

このように先祖からの障害となる因縁があれば、それを自分の代で解決し子孫には先祖の恩恵だけを伝え、与えることができて始めて中今を生きたと言えるのではないでしょうか。

これから始まります皆様方の新しいひと月が下流に豊かな水を流すことのできる日々となりますようご祈念申し上げます。

菩薩行を実践する

今回も先月に引き続き仏教唯識派のお話をさせていただきます。

今から1600年程前にインドで活躍したアサンガはこの世の現象など全てに対する見方を依他起性・遍計所執性・円成実性の三性説で明らかにしました。

三性説の中でも柱になっているのが依他起性で、全てのものは他を拠り所として成り立っているとの教えです。

ビッグバンに始まって宇宙や地球、そして、あらゆる生物などこの世の全てのものが気の遠くなるような長い時間を掛けて生起し、それが更に分化を繰り返して現在に至っているのです。

ですから、こうした過程を逆に辿って行くと全てのものが1つに集約されることになります。

今、こうして自分が生きていられるということは両親や先祖の数知れない命の継承があり、水や空気･太陽など豊かな自然に囲まれ、更には衣食住に恵まれて来たからなのです。両親がいなければ生まれて来ることはできませんでしたし、どれ1つ欠けても今の自分はないのです。

こうした考えができますと、受けて来た恩恵の大きさ莫大さに気づき感謝の気持ちで一杯になります。

そして、こうした恩恵に応えるためには自分にできる何かをしなければいけないとの思いに至ります。その思いを具体化し実践することが大乗仏教の菩薩による利他行実践に他ならないのです。

このようにどこに意識を置いて生きるかによって私たちの日々の生活は大きく変わります。先ず仏教を教える僧侶が変わり、そうした僧侶の姿を見て檀家の人々が変わると地域が変わり、社会が変わって日本を変えることができるのではないでしょうか。

葬儀を行い月参りをすることは方便であり、仏教が目指す目的ではありません。1600年も昔にインドの仏教家はこうした貴重な生き方を説き示し後世に伝えてくれたのです。

これから始まります皆様方の新しいひと月が依他起性の教えに基づく菩薩行実践の日々となりますようご祈念申し上げます。

抜苦与楽を願う

お正月の楽しみは何と言いましても届いた年賀状を見ることではないでしょうか。年に一度お互いの消息を確認し合う懐かしい方からの年賀状は本当に嬉しくありがたいものですが、中には新年の挨拶を交わすことのできない方もいらっしゃいます。

毎年、年末が近くなりますと、喪中のハガキが届きますが、昨年の暮れにいただいた１枚の喪中のハガキを見まして胸が痛くなりました。

27歳の息子さんが急逝されたご両親から届いたものでした。ハガキには「淋しくて、悲しくて、せつなくて、胸が張り裂けそうです」とお母様の添え書きがありました。

ご縁をいただきながらどうして救うことができなかったのだろうかと悔やまれ、申し訳なく思い直ぐにお電話致しましたら仕事の現場に向かう途中、運転していた同僚の方が脇見をしている内にトンネルに激突し、助手席に座っていた息子さんが犠牲になられたとのことでした。

この世の苦しみの中で子供を亡くした逆縁ほど辛く悲しいものはありません。

一休禅師が信者さんから家宝となるめでたい言葉を書いて欲しいと頼まれ「祖父死に、親死に、子供死に、孫死に」と揮毫したそうです。そして、不吉だと怒り狂う信者さんを「年を取った者から順に天寿を全うし死んで行ける。これ程めでたいことはない」と諭したと言われています。
大乗仏教中観派の祖とも言われている龍樹は「摩訶般若波羅蜜経」の中で「大悲を以って一切衆生の苦を除き、大慈を以って一切衆生に福楽を与える」と「抜苦与楽」こそ菩薩道実践の基本と説いています。
これから始まります皆様方の新しい1年が逆縁の悲しみを体験することのない、順風満帆のめでたい1年となりますよう心からご祈念申し上げます。

有縁の人々に合掌

2月3日の節分を契機に新しい年の始まりとなりますが、今年は丙申（ひのえのさる）ですから、これまで手掛けてきたことが形になって現れ始める年と言えます。果樹で申しますと実が熟し始める時期に当たります。皆様にとりまして豊かな収穫に繋がる1年になりますよう祈りを込め護摩を焚かせていただきました。
今年の1月は雪が少なく本当に助かりましたが、この季節になり冬山の遭難事故のニュースを耳にしますと、昨日のことのように思い出す話がございます。もう30年以上も前になりますが、結婚して間もない頃、ドイツ人の妻に聞かされた話です。
3人の少年が冬のアルプスを越えようとしましたが、途中で激しい吹雪に襲われ飢えと寒さで1人の少年が動けなくなってしまったのです。元気な2人の内、1人は救助を求めて下山し、残った1人は倒れた少年に寄り添って救助を待つことになりました。
先に下山した少年は寒さのため、途中で倒れ凍死してしまいますが、山に残った2人は体を寄せ合って体温の低下を防ぐことができ、奇跡的に助かったのでした。
　倒れた少年を助けようと山に残った少年は救助を求めて先に下山した少年の死を知らされ、自分の間違いに気づいたというのです。それまで倒れた少年を助けるため、自分が犠牲になって山に残ったと思っていたのですが、実は逆で倒れた少年に自分が助けられたのだと気づき反省したというのです。
　人生も同じことが言えるのではないでしょうか。親・兄弟・夫婦・子供・職場の仲間や知人友人など、人生ドラマの共演者として登場してくれた有縁の人々は、すべて主役である自分を助け支えてくれているのです。それにもかかわらず私たちは親が悪い、子供が悪い、嫁が悪いと周囲の人々を悪者にし、自分は犠牲者だと誤解しているのです。
　まさに倒れた友人のために犠牲になって山に残ったと思っていた少年と同じではないでしょうか。
　職業がら毎日のように神仏に手を合わせていますが、自分を助け支えてくれている身近な有縁の人々には手を合わせていないことに気づかされました。今年こそ信仰者にふさわしく有縁の人々に手を合わせて日々を過ごせるよう精進を重ねて参りたいと願っています。

一日一善

　今年の冬は雪が少なくて本当に助かっていますが、このまま春を迎えることができるのでしょうか。
　毎週ゴミ収集日にゴミステーションに行くのですが、その度に心を打たれることがございます。

大雪が降ったときでもゴミステーションの前に住んでいる方が、朝早く起きて雪をきれいにかいてくれているのです。

町内によってはゴミステーションの場所を定期的に変更し負担の均衡を図っていると聞いたことがあります。誰だって自分の家の前がゴミステーションになると嫌な気持ちになるものですが、私の町内の方は嫌がるどころか、ゴミを持って来る人の為に早起きして雪かきをしてくれているのです。

仏教の教えの基本とも言うべき「七仏通戒偈」の一節に「衆善奉行」とあり、善行の実践をすすめていますが、この方はまさにそれを実践されているのです。

朝ゴミを持って行き、きれいに雪かきされたステーションを見た日は、私も何か人々のために役立つことをしたいと願うものです。

数十年前になりますが、日本船舶振興会のＴＶコマーシャルで「一日一善！」と笹川良一さんが子供たちと唱えていたことがあります。

元気な体と自由な時間を授けていただいているのですから、せめて一日一善を実践したいと努めていますが、どうしてもできなかった日は三度の食事で一膳を減らすことにしています。

と申しますのは、江戸時代に活躍した観相家の水野南北が若い頃、易者に「剣難の相がある。後１年の命」と言われ、難を逃れるため、出家してお寺に入ろうとしたのです。

住職に「１年間麦と大豆だけの食事を続けることができたら入門を許す」とその場での入門を断られますが、南北はそれを実行したのです。

１年が過ぎましたので易者を訪ね剣難にも遭わず、こうして元気に暮らしている旨を伝えると、易者は「剣難の相は消えている。何か大きな陰徳を積んだであろう」と麦と一汁一菜の粗食を守ったことで運気が変わったことを教えたのです。

南北はこの経験から好きな酒も1日1合と決め、生涯粗食を守ったことから貧窮短命の相で決して成功しないと言われていたにもかかわらず、78歳の長寿を全うし1000人に及ぶ弟子を得て、晩年は一丁四方の屋敷に住み蔵を7つも建てる程の財を成したと言われています。

私たちは毎日美味しい物を食べたい、今日は何を食べようかと贅沢な食事を求めてしまいます。そして「たかが食事を減らした位いで」と思いますが、節食は人の命を救い運命を変えてしまう程の陰徳積みにつながっているのです。

これから始まります皆様方の新しいひと月が腹八分の粗食を継続でき陰徳積みの日々となりますよう心からご祈念申し上げます。

諸行無常の尊い日々

4月は入学や就職・転勤など新たな出発の節目の月でもあり、一年中で最も生活に変化を感じ、夢や希望を持たせてくれる月ではないでしょうか。

3月まで学生だった人たちに取りましては、単に生活の場が変わるというだけではなく、学生という教わる立場から報酬をいただく職業人としての自覚と自立を求められる変革の節目と言えます。

仏教の根本原理とも言われます三法印の教えの一節に「諸行無常」とあります。平家物語の冒頭が「祇園精舎の鐘の声、諸行無常の響きあり」と始まっていることから、仏教徒に限らず誰もが知っている有名な言葉になりました。

諸行無常がお寺の鐘になぞらえて表現されたこともあり、侘しく切ない気持ちを象徴する言葉として理解されているのではないでしょうか。本来の意味は全く反対で夢や希望につながる言葉ではないかと私は思っています。

お釈迦様の最後の教えと言われます遺教経には「この世は無常ゆえに怠けることなく努力して生きなさい」と記されています。仏道修行者はこの無常を観ずることを目指して修行していると言っても過言ではありません。

この世を無常と捕えたときの生き方には二通りあると思います。どちらも、この世での生活を悔いなく思いを残さないものにしたいとの願いに基づいているのですが、結果は全く正反対になります。1つはしたい放題して快楽にふける生き方で、もう1つは寸刻を惜しんで毎日を有意義に暮らす生き方です。

仏教は快楽のむなしさを説き精進努力して生きることを教えています。無常ゆえに寸刻を惜しんで努力する。無常ゆえに過ぎ去った過去に囚われない。無常ゆえに、いたずらに未来を期待したり不安を抱いたりせず、ただこの一瞬に精進して生きる。

このように仏教の無常観は一期一会の精神に基づく積極的な生き方を示しています。

無常ゆえに進歩があり春夏秋冬と季節は移り変わります。秋になって木の葉が落ちますと淋しくもののあわれを感じますが、それは春への備えであり力強く生きている証拠でもあります。こうしたことを繰り返すことによって木は年輪を重ね太く大きく成長して行くのですから、冬枯れの木立も進歩発展の仮の姿と言えます。

諸行無常だから今日喧嘩して仲互いしても明日は仲直りでき仲良くなれるのです。また、今年ダメでも来年はよくすることができるのです。逆に今日よくても明日もよいとは限らないのです。

諸行無常の精神は、このように放漫や怠惰を戒め、夢や希望を持って間断なく精進を重ねて日々を過ごす生き方を教えてくれています。

これから始まります新しいひと月が皆様方に取って真の諸行無常を体得できる一期一会の毎日となりますようご祈念申し上げます。

お陰様の気持ちを大切に

新聞やテレビでは連日、熊本地震のニュースを報じています。亡くなられた方々のご冥福をお祈り致しますと共に被災された方々に心からお見舞い申し上げます。この度の地震で自然界の力に脅威を感じますと共に、生きているのではなく生かされている自分を痛感させられましたが、同じ思いを抱かれた方も多いのではないでしょうか。１日も早い復興を願って止みません。

春は希望に満ちた季節ですが自殺の多い季節とも言われています。

第二次世界大戦の後、イギリスは「ゆり籠から墓場まで」を合言葉に社会保障制度の進んだ理想の国家をつくり上げました。そのイギリスで自殺者が多かったので不思議に思い、制度的な保障があっても心の安らぎや幸福感にはつながらないのではないだろうかと感じていました。

世界保健機関（ＷＨＯ）が平成 26 年の世界自殺予防デーに際し、自殺者の多い上位 25 か国を発表しました。その殆どは貧困国と言われる国々ですが、先進７か国の中で唯一、日本がその中に含まれていました。

日本では毎年３万人を超える人が自ら命を絶っていると言われていますが、統計に表れない人の数を含めますと、実際には 10 万人を超えるのではないかとも言われています。

経済大国と呼ばれ衣食住ともに恵まれ、国民の大多数が中流意識を持って豊かな生活を謳歌している日本で、なぜ自殺者が多くなったのでしょうか。

私が小さい頃は隣近所で物心ともに助け合って暮らすことが当たり前でした。現代のように豊かな暮らしができるようになりますと、隣近所の人にお世話にならなくても自分の力で生きて行けると思ってしまい、生活が豊かになるに従って自立心が強くなり、それに伴って地域や社会での孤立感や疎外感につながるようになったのではないでしょうか。

仏教では慈悲の心を重んじ、生かされて生きている自分を自覚することによって慈悲の心が生まれ、相手の生をも大切にする気持ちが生まれると説いています。そして、この世では独立自存のものは何一つ存在せず、互いに関わり合って相互依存することで成り立っていると教えています。

宇宙や自然があり、社会や世間があって始めて自分の生活があるとの「生かされている自分」を実感できる人間になることを説いています。こうした考えが基になって「お陰様」の精神が生まれました。

これから始まります皆様方の新しいひと月が有縁無縁の人々によって支えられ生かされている自分を実感でき、お陰様の気持ちで満たされた毎日となりますよう心からご祈念申し上げます。

師弟は三世

庭の牡丹やシャクナゲが花盛りとなり、温かく穏やかな春の日々を満喫させていただいています。

私は今年古希を迎えることができ、70年の長い人生ドラマに登場して下さった多くの有縁の方々に想いを馳せる年となりました。人によってお付き合いの長短や深浅はありますが、その中に人生の師と仰ぎたい方がいらっしゃいます。

残念ながらその方は3年程前に100歳の誕生日まで数日を残して他界されました。幼い頃、女医さんになる夢をお持ちでしたが、木材商をしていた実家が倒産したため、医者になることを断念し就職せざるを得なくなったそうです。

学業優秀だったことから担任の先生が残念に思い、東京の女学校に入れてくれ体育の教師になる道を与えてくれたそうです。そして、学費の殆ども卒業まで送り続けてくれたそうです。

卒業後、求人のあった北海道の女学校で体育の先生をしながらお金を貯め、支援していただいたお金を返済しようと担任の先生を訪ねたところ、先生は「学業優秀だった貴女が就職してしまうのが惜しいと思ってしたことですから」と言って受け取らなかったそうです。

恩師の志の高さに感激したその方は先生への恩返しとして担任の先生が自分にしてくれたように、今度は自分が生徒たちを我が子と思って接する以外にないと考え実行して来たそうです。

葬儀には80歳を超える教え子たちが最後のお別れに集まり感動的な葬送の儀となりました。

私たちは順風満帆の人生を望みますが、その方は困難に遭遇したことで担任の先生の本心に触れることができ、貴重なご縁をいただくと共に将来の幸せに繋がる人生を歩むことになりました。ですから困難に出会うことが一概に不幸とは言えないのです。

正法念経では母・父・如来・師に対する恩を四恩として説き、生きる道を教えてくれ導いてくれた師を如来や自分の父母と同様に扱いなさいと教えています。

また、「親子は一世、夫婦は二世、師弟は三世」という諺があり、師弟の関係は前世・現世・来世の三世にわたる程の深い縁で結ばれていると教えています。
師弟とは主従の関係のことを指し、学校の教師と生徒に限らず、職場にあっては上司と部下、会社では雇い主と社員なども同じことが言えるのです。
肩書きがなくなったとき、その人の真価が現れます。それは肩書きを持っていたときの生きざまを問われていることでもあります。
これから始まります皆様方の新しいひと月が四恩に報いる日々となりますよう心からご祈念申し上げます。

孫悟空の頭冠

先月は雨が多く寒い日が続きましたので、家庭菜園のトマトやキュウリの苗が育たず２度植えされた方も多いのではないでしょうか。
気象条件の悪い中、懸命に生きようとする作物の姿に胸を打たれ元気をいただいたひと月でした。今月はどんな天気になるのでしょうか。
幼い頃、孫悟空の紙芝居を見て印象に残った場面があります。それは孫悟空が魔法の如意棒を使って空を飛びさまざまな活躍をする中で、悪いことをすると三蔵法師の呪文によって頭に付いている冠の輪が絞まり、頭を締め付けて孫悟空をこらしめ、改心させる場面です。
孫悟空の頭に付けられた頭冠は緊箍児（きんこじ）と言って、お釈迦様が魔を調伏するために観音様に授けた輪なのです。
最近スーパーでは精算前の買い物袋の使用を禁止する放送が繰り返し流れています。また、コンビニにはいたるところに監視カメラが付いています。

私が育った幼い頃はよく「お天道様が見ている」と言われ、人が見ていなくても悪いことをしてはいけないと教えられたものですが、今では皮肉にも「監視カメラが見ている」ということになりました。

私たち人間には孫悟空のような頭冠は付いていませんが、そのかわりに神仏から良心を授けていただいています。

「良心の呵責を覚える」という諺がありますが、人の見ていない所での行動で善人にもなれば悪人にもなるのです。

街中いたる所に付けられた監視カメラを見ていますと、今の日本人は良心を失ってしまったのかと悲しくなります。

お釈迦様が亡くなられる前に残された弟子たちに示された最後の教えとして「自灯明　法灯明」の教えがあり、自分を拠り所として生きることを教えています。

この「自灯明法灯明　自帰依法帰依」の教えこそ、私たちに良心に従って生きることの大切さを教えてくれているのではないでしょうか。

二度とない貴重な人生なのですから人や世間から賞賛されなくても、せめて神仏には賞賛していただける日々を過ごしたいものです。

これから始まります皆様方の新しいひと月が良心に従って生きることができ、神仏に賞賛していただける毎日となりますようご祈念申し上げます。

鏡よ鏡、鏡さん

７月に入ってから暑い日が続きましたので、家庭菜園の葉物やズッキーニ等が豊作になりました。このままよい天気が続いてくれトマトやキュウリも豊作になって欲しいと願っています。

「鏡よ鏡、鏡さん」と言えば、グリム童話で有名な白雪姫の継母が毎日魔法の鏡に問い掛けては自分が世界で一番美しいとの返事をもらい、悦に入る場面で使われていた言葉ですが、私たちの年代ではむしろロンパールームという子供向けテレビ番組の中で、司会のお姉さん役だったうつみみどりさんが丸型で取っ手の付いた大きな鏡を持って「鏡よ鏡、鏡さん」と呪文を唱え、子供の名前を呼ぶコーナーで使用されていた言葉として馴染み深いのではないでしょうか。

鏡の前で笑えば笑って映りますし、怒れば怒って映ります。鏡はどんなときでも鏡の前に立つ私たちのありのままの姿を映してくれます。

人生も同じことがいえるのではないでしょうか。自分を生み育ててくれた両親や先祖に感謝し態度で示していれば、それを見て育った子供や孫たちが親孝行してくれます。子孫は自分の生きざまを鏡のようにありのまま映してくれているのではないでしょうか。

「親の因果が子に報い」という諺がありますが、50歳を過ぎますと、お子さんやお嫁さんの悩みを訴える方が多くいらっしゃいます。

50代・60代はこれまでの自分の生き方の結果が現れ始める年代ということができます。

困難に出会って思うように人生を歩めないとき、私たちは親が悪い、子供が悪い、嫁が悪いとその原因を他人に転嫁し、自分は被害者だと思い込んでしまいますが、そのことで自分の人生を閉ざしてしまうと同時に、子孫にまで悪い影響を与えてしまうことになります。

こうした呪縛から解放されたとき、私たちの人生や運命は大きな変化を遂げるのです。

仏教の基本的な教えとして縁起説があり、そこでは自分に降り掛かる一切の事象は自らつくった原因によって生じた結果や報いであるとの因果応報を説いています。

これから始まります皆様方の新しいひと月が自分の身に降り掛かる困難に対し、常に「原因、我にあり」との思いに立つことができ、気づかせてくれた人々に対する感謝の日々となりますよう心からご祈念申し上げます。

幸福の源泉

今年は８月だと言うのに台風が続けて北海道に上陸し、家庭菜園の畑が水田のように水浸しになりました。道東では収穫を目前にしたタマネギが洪水の被害を受けてしまいました。春から丹精込めて育てて来られた農家の方々は、さぞ切ない想いをされていることでしょう。被害に遭われた方々に心からお見舞い申し上げます。

ラジオのニュースで被害の状況を聞く度に、天候に左右されることなく平穏な日々を過ごすことのできる今の境遇に感謝せずにはいられませんが、ややもすると感謝を忘れ、自分の置かれている境遇に不満や不安を感じてしまいます。

それでは本当に不幸なのでしょうか。また、本当に満たされていないのでしょうか。よく考えてみますと何一つ不自由のない恵まれた生活をさせていただいているのです。それなのに満足感や幸福感を感じることができないのは何故なのでしょうか。

「あたりまえ」と思っているからではないでしょうか。「あたりまえ」と思っていいのでしょうか。実はありがたいことばかりなのです。「あたりまえ」と思ってよいことなど１つもないのです。

私たちはたとえ90％満足できる生活をさせていただいていても、感謝するどころか、不足している10％に執着心を燃やし、悩み苦しんでいるのです。それは幼い子供が「無い物ねだり」をしていることによく似ています。

仏教、特に密教では身・口・意の三密を重要視し、行動と言動、そしてその根底にある想いや意識を一致させることが大切だと教えています。

ただ「ありがたい」と感謝の気持ちを抱くだけではいけないのです。感謝の気持ちを言葉に表し、更には具体的な行動に移し、実践して始めて三密によって陰徳を積むことができるのです。

現存する最古の経典と言われる法句経では「人身受け難し、仏法あい難し」と説き、人間としてこの世に誕生できたこと自体がとてもありがたいことだと教えてくれています。

これから始まります皆様方の新しいひと月が「ありがたい」という感謝の気持ちに裏打ちされた言動と行動で満たされ、実りの多い陰徳積みの毎日になりますよう心からご祈念申し上げます。

豊かな生活を求めて

秋の大祭を間近かにひかえ書棚の整理をしていましたら、26年前の新聞の切り抜きが出て来ました。「生活の豊かさ」をテーマに大都市圏の勤労者2200人を対象にしたアンケートの結果をまとめた記事でした。

将来ゆとりある豊かな生活を実現するためには高齢者住宅の整備や在宅介護の充実、更には余暇の充実が必要だと提言し、今より生活を豊かにするためには経済的な余裕より、温かい人間関係が大切だと結論づけていましたが､将来の日本については過半数の人が｢物質的には豊かになっても、精神的な豊かさは損なわれていく」と答え、日本の将来を危惧していました。

今の日本は26年前のアンケート結果のようになってしまいました。

ニュースで皆様ご承知の通り相模原の障害者施設で痛ましい事件が起き、罪のない19人が犠牲になりました。個人主義が行き過ぎますと自己中心的になり、自分に必要ないものは不要だとの解釈が生まれてしまいます。今回の事件はまさしく、このような考え方に基づいて起きてしまいましたが、仏教には「重々無尽」と言う思想があり、この世に存在するものは互いに関係し合い、支え合って成り立っていると教えています。自分に必要がなくても誰かに取って必要な場合もあります。それを認めることで自分に必要なものも他者から認めてもらえるのではないでしょうか。

仏教徒は三宝に帰依し5つの戒律を守らなければなりませんが、戒律の一番目に「不殺生」が掲げられ無益な殺生は固く禁じられています。

衝撃を受けますことは事件を起こした犯人の動機となりました「障害者は社会的に不要な存在だ」更には「障害者は1人で生きることができず税金で養って貰っている」等という考え方に賛同する人が少なくないことです。

1人で生きることができないのは障害者だけではありません。この地球上に存在するすべての人間は1人で生きて行けないのです。

海で暮らす人に取って山は不要な存在なのかも知れません。また、山に住む人に取りましては海はなくてもよいのかも知れませんが、日本には古くから「魚つきの森」という双方を結びつける思想があります。

山の森林が荒廃すると、そこを流れて来る川の水質が変化し、それによって磯焼け等の被害が起こり魚が獲れなくなるというのです。

こうしたことを体験する中で先人たちは海に流れ込む川の源流にある「魚つきの森」を大切に保存して来たのです。

1つの例を述べさせていただきましたが、このように表面的には全く関係ないと思われるものが、実は深い縁で結ばれ互いに支え合って成り立っているのです。

今日元気でも明日も元気だとは限らないのです。今日健常者でいれても明日は障害者になっていることもあり得るのです。

これから始まります皆様方の新しいひと月が、支えられ生かされている自分を実感でき、報恩感謝の身口意で満たされた豊かな生活の日々となりますよう心からご祈念申し上げます。

良縁を結ぶ

向かいに見えます手稲山が白く雪化粧して、ストーブがなくては過ごせない季節となりました。

先月の第四日曜日に恒例となりました感謝祭とも言えます竹韻精舎の秋季大祭を厳修致しました。狭い道場ですが、ありがたいことにたくさんの方々にご参拝いただき和気満堂の大祭となりました。

仏教ではお釈迦様の大切な教えとして「縁起」の思想を説いていますが、ご参拝いただきましたおひとりおひとりとのご縁に想いを馳せますとき、ご縁とは本当に不思議なものであり、これ程ありがたいものはないと感じます。

学生時代に友人から京都本願寺の回廊に「善人を敵としても、悪人を友とするなかれ」と大書してあると教えられたことがあります。
この年になっても脳裏を離れない言葉ですが、自分の人生を振り返ってみますと実に身に余るご縁の方々ばかりで、只々頭が下がる思いで一杯になります。
そして、人生にはたとえ血のつながりがあっても、すれ違い程度のご縁もあれば、他人と言えども親子や夫婦同様の深いご縁で結ばれている場合もあることを痛感させられます。
どんなに望んでもご縁がなければ共に歩むことはできませんし、どんなに嫌ってもご縁がある限り共に歩まなければならないのです。
「悪縁を絶って、良縁を結ぶ」という諺がありますが、私がいただいたご縁の方々は良縁ばかりのように感じられますし、私の人生ドラマ展開に欠くことのできない重要な役割を果たして下さっています。
そして、不思議なことにご縁をいただいたときや場所・理由など全く違っているにもかかわらず、これまでにご縁をいただいた方々が少しずつ１つにまとまって来ているように感じるのです。これこそご縁がご縁を生むということなのではないでしょうか。
これから始まります皆様方の新しいひと月が、良縁が良縁を生み、感謝あふれる日々となりますよう心からご祈念申し上げます。

頭陀行（ずだぎょう）に徹す

「光陰（こういん）矢（や）のごとし」という諺がありますが、時間の経つのは本当に早いもので今年も残すところ後ひと月となりました。
毎年、年の初めに１年の目標をたてるのですが、今年は宗教家の基本とも言うべき頭陀行の実践に取り組みたいと願いました。

私たち宗教家はどんなに素晴らしい説法をしたとしましても、またどんなに厳しい修行をしたとしましても、そのベースになる日常生活のあり方を神仏に問われているように感じ、今年は先ず足元を固める意味も込め頭陀行（ずだぎょう）の実践を願ったのです。

頭陀行とは、与えられた物だけで生活することで、衣食住の貪りを取り除くことを目的にした修行です。これによって生かされている自分を実感できますし、与えられない物は求めないとの少欲知足の精神を養うことができます。

社会生活も頭陀行そのもので私たちは生活に必要な一切の物を社会から施与品として与えられています。このことを自覚し感謝を忘れず、必要以上の物を求める貪りの気持ちを解消する努力をしなければなりません。

出家僧には三衣一鉢（さんねいっぱち）と言いまして托鉢の際に食べ物を入れていただく１つの鉢と説法衣と上着・下着の３種類の衣服以外は所持してはいけないという戒めがあります。鉢は応量器とも呼ばれ体格や年齢・修行の内容など修行僧にふさわしい程度を意味し、応分ということを示しています。

こうした修行を目指す僧侶を助ける衆生の行為として四供養があります。

四供養とは、頭陀行と三衣一鉢を守って修行に励む出家僧が餓死したり寒さや病気で苦しむことがないよう、在家衆生が修行僧を支えるために行う供養のことです。具体的には衣・食・寝具・医薬の４つの施与品を指します。

大切なことは必要なときに必要な品を供養することです。健康なときに薬は不要ですし、食べ終わったばかりのときに食事の接待を受けても困ります。供養する側はこのときを考える必要がありますし、供養を受ける側は供養を受けるにふさわしい自分であるよう精進を重ねていなければなりません。

この1年を顧みますと実に身に余る衣食住を与えていただいたと痛感させられますが、果たしてそれにふさわしい自分だったのだろうかと懺悔せずにはいられません。来年こそ供養していただけるにふさわしい自分になれるよう精進を重ねて参りたいと願っています。

神恩不忘

皆様がご家族お揃いで新年を迎えられましたこと、心よりお慶び申し上げます。「一年の計は元旦にあり」と申しますが、年頭に当たり今年1年の計画を立てられた方も多いのではないでしょうか。

先月は大雪で本当に困りました。特に22日、23日と2日連続の大雪で札幌は積雪が90センチを超え50年振りの大雪となりました。飛行機は欠航し列車も殆どが運休する中、23日に青森別院の月例祭のため列車で日帰り致しました。無事に帰宅でき安堵致しましたが、これも神仏のご加護によるものと感謝しています。

仏教の世界には大日如来様や薬師如来様、地蔵菩薩様や観世音菩薩様など数多くの如来様や菩薩様がいらっしゃいます。菩薩様は如来になれる地位にありながら、一切衆生を救済するために自ら希望されて菩薩になられていると言われています。そして、一切衆生の救済を実現できるまで如来にはならないと誓っておられるのです。

特に地蔵菩薩様は六道能化と言いまして、苦しんでいる人がいますと六道のどこにでも化身して出現し救って下さるというのです。

賽の河原地蔵和讃でお馴染みの賽の河原で幼くして亡くなった子供が親を慕い供養しようと、１つ積んでは父の為、２つ積んでは母の為と小石を積み上げては塔をつくっていると鬼が出て来て壊してしまうのです。
そこへ地蔵菩薩様が現れて「今日からは私を冥途の親と思いなさい」と言って子供を抱き上げ救うというお話は皆様よくご存じなのではないでしょうか。
ですから私たち衆生は１日も早く菩薩様が誓願を達成でき、如来の地位に戻れるよう怠ることなく精進を重ね日々を過ごさなければなりません。
青森県の車力にあります高山正一稲荷大社の本殿前に立つ灯籠には「神恩不忘」と記されていました。
私たちが子供や孫のことを思わない日がないのと同様に、神仏やご先祖様もまた私たちのことを安じ見守り助けて下さっているのです。
これから始まります皆様方の新しい１年が神恩不忘の日々でありますよう心からご祈念申し上げます。

晴天に朝日が昇る

12月は大雪で大変な思いをしましたので、１月の天気を心配していましたが、穏やかな正月を過ごすことができ、本当に助かりました。今月はどんな天気になるのでしょうか。
年が新しくなりますと毎日の予定を書き込めるよう、１年間のスケジュール表をつくるのがここ数年の習慣になっています。行事が幾つか重なっても１日分の予定を全部書き込めるよう枠を大きく取るので銀行などからいただいた年間暦を２枚貼り合わせてつくります。

１メートルの長い物差しを使って線を引き、１日１日枠取りしながら今年はどんな年になるのだろうか。人生ドラマはどのように展開して行くのだろうか。どんなご縁をいただき、どんな出会いや別れが待っているのだろうか。昨年まで重要な役割を果たしてくれていた親や兄弟、尺八の仲間や信者さんたちは、今年はどんな役割を演じてくれるのだろうか・・・。等々スケジュール表の線を引きながらさまざまな想いが湧いて来ます。

居間に張り出されたスケジュール表は日を重ねるに従って空欄だった枠の中が予定で埋まって行きます。スケジュール表に書き込まれる予定や日程は全て私個人のものなのです。

ですから、今年１年の歩みも人生ドラマの展開も全て私個人特有のもので他人との比較はできませんし、優劣や勝ち負けをつけることもできないのです。

私たちにできることは授けられた現状の中で今日という二度とない瞬間をいかに生きるかではないでしょうか。

どうしても別れなければならない間柄であるならば、お互いの幸せを願いつつ、明るく「今日までありがとう」と手を振って笑顔で別れたいものですし、新たにご縁をいただいて出会うことができた人ならば、「人生ドラマに登場してくれてありがとう」と感謝したいものです。そう思うことができれば今日１日の過ごし方や人との接し方も自ずと変わって来るのではないでしょうか。

50年以上も昔になりますが、ラジオの番組で「齊藤聖峰ショー」と題した人生相談がありました。番組の始めにパーソナリティーの齊藤先生が「節分過ぎれば、また陽は昇る」と明るい大きな声で宣言されていましたが、今でも昨日のことのように思い出されます。

節分を節目としてこれから始まります皆様方の新しい１年が、朝日が光り輝く晴天の朝のように希望に満ちた明るい年になりますよう心からご祈念申し上げます。

財布の穴をふさぐ

３月になり春の気配を感じられるようになりましたが、今年ほど冬を長く感じ、春を待ち望んだことはございません。「暑さ寒さも彼岸まで」と言われるように、今月はお彼岸ですから春の訪れも間近になり、気持ちも明るくなって参りました。

皆様ご存知のようにお彼岸は年２回あり、春分と秋分の日をお中日として、その前後３日間を合わせた７日間がお彼岸です。お彼岸に仏事を行うのは日本特有のものでインドや中国にはございません。

彼岸とは悟りの世界に至ることで迷いや煩悩に満ちた此岸と対比して使われている言葉です。春分と秋分の日は太陽が真東から昇り、真西に沈むことから西方浄土とも呼ばれる極楽浄土に想いを馳せる行事となり、彼岸に到達できるよう悟りの境地を求めて菩薩行ともいわれます六波羅蜜を実践することに由来した仏事ですが、現在では先祖供養が中心になり、生きている人々の肝心要の布施・持戒・忍辱・精進・禅定・智慧と呼ばれる六波羅蜜の修行は行われなくなりました。

お墓や仏壇にお供えするお彼岸のお供え物といいますと「ぼたもち」と「おはぎ」が有名ですが、これは春に咲く牡丹や秋の萩に由来すると言われています。

どんなに努力し働いたと致しましても、また、どんなに節約した生活をしたと致しましても財布に穴が開いていてはお金は貯まりません。穴の大きさや穴の開いている場所によって小銭が落ちる程度だったり、お札まで落ちてしまうなど影響の度合いは違うでしょうが、穴を塞がなければいつまでたってもお金は貯まりません。人生も同じことが言えるのではないでしょうか。

日蓮上人の「彼岸抄」では「・・・此の日時に善根を修すれば永く改転無く、能く増益せん」と説かれ、彼岸の期間に善行を積むことの大切さを教えています。善根を積むことは財布の穴を塞ぐことにもつながります。

皆様方に取りまして今月の彼岸が六波羅蜜の実践ともいうべき善根積みの７日間となり、極楽浄土につながる貴重な日々となりますよう心からご祈念申し上げます。

宿命を生きる

今年は春のお彼岸に大雪が降って驚かされましたが、次第に温かくなって来て花の便りも聞かれるようになりました。長く厳しかった冬も終わり、いよいよ待ちに待った希望に満ちた春の訪れとなります。

50年近く昔のことですが、20代のとき、私の人生を占ってくれた方がいました。そのとき、50の命、親の縁は薄いと予言されましたが、私は今年満70歳を迎えることになりました。また、先月93歳の誕生日を迎えた母と一緒に満たされた生活をさせていただいています。

６年前の東日本大震災では「想定外」という言葉があちこちで使われ大流行しましたが、私の人生に取りまして想像もしなかった、それこそ想定外の晩年を迎えることができ、本当にありがたく只々感謝の日々を過ごさせていただいています。

春になりますと待ちかねたように、さまざまな花が咲き誇り、草木が一斉に芽を出します。庭に咲く花は１輪１輪特徴があり、１つとして同じ花はありませんし、数え切れない程の種類がある草木ですが、みな違った姿形をしています。たとえ草木といえども、その草木でなければできない役目を持って生息しています。

人間も同じように、その人にふさわしい役割なり、その人でなければできない役割を持って生まれて来ています。同じ人間といえども課せられた役割は全く違っているのです。周囲の人に惑わされて自分の役割を忘れてしまうことから悩みや苦しみが生じ、終いには行き詰ってしまうのです。私たちが持って生まれた個人特有の果たすべきことを宿命と表現することもできるのではないでしょうか。

今の日本では残念なことに生まれた瞬間から身長や体重を平均と比べられ、学校に入っても絶えず他人との比較によって価値判断されてしまいます。

竹韻精舎のホームページには「本当の人生とは・・＜宿命を生きる＞ 70 歳からでも遅くない」と書かれています。

自分の宿命とは何か。そして、私は宿命に沿った人生を歩んで来たのだろうか・・・。今年 70 歳を迎えるに当たって、そんな思いが頭をよぎりました。宿命に沿った人生を歩んでいるとき、人は最も幸せになり、最も進歩向上でき、更には最も世の為・人の為に役立つ日々を送ることができると言われています。

皆様おひとりおひとりに与えられた宿命は違いますでしょうが、これから始まります新しいひと月が皆様方に取りまして自分の宿命に沿った歩みとなり、最も幸せで最も有意義な日々となりますよう心からご祈念申し上げます。

すべては借り物

先月は４月だというのに雪の降る寒い日が続き、ストーブなしでは過ごせない日があり驚かされました。花のつぼみを出し、まさに咲こうとしていたクロッカスや福寿草も雪をかぶり可哀そうな有様でした。

そんな天候不順の中、３月下旬から４月上旬に掛けて20年振りにご縁をいただき、70歳にして密教の本格的な修行をさせていただきましたが、何より身に応え辛く感じましたのは寒さでした。

今回の修行でも多くの貴重な体験をさせていただきましたが、午前２時に起床しローソクの灯を頼りに行記を読むことは乱視まじりの目には不自由極まりないことでした。夜が明けて周囲が明るくなって参りますと小さな字もハッキリと読めありがたいと心の底から感じました。

また、行中の食事は正式には昼食だけですので１日１回昼食を口にしたときのありがたさは言葉ではとても表現できない程でした。修行に没頭できる時間と自由に動かせる体を授けていただいたこともありがたいことでした。

日常生活で当たり前と思っていました多くのことに対して、忘れていました感謝の気持ちを湧き起こさせていただきました。修行の素晴らしさは、こうした体験を通じて忘れていた最も大切なことを自ら実感させられる点にあるのではないでしょうか。

寒さの中ですっかり体調を崩してしまい４月下旬には風邪で寝込むことになってしまいましたが、ゆっくりした時間の中に身を置くことができ、自分を見つめ直す貴重な時間を与えていただけましたこと、本当にありがたく手を合わせずにはいられません。

今回寝込んで気づかされましたことは「借り物だったら必ずお返しするときが来る。そのことを意識できていない借り物意識は観念論にすぎない」とのことでした。

大切な物をお借りするのですから、汚したり痛めたりすることのないよう大事に使わせていただくことは勿論ですが、お返しするときには元の状態にしてお戻しすることが礼儀です。

体は品物と違いまして、幾ら大切に扱っていましても年齢と共にあちこち異常が生じて参ります。また、足腰のように大事にし過ぎましても、逆に動かなくなってしまうことだってあり得ます。そうした想いや気配りを忘れることなく日々お借りした肉体を使わせていただいて来ただろうかと懺悔・反省の１週間でした。

これから始まります皆様方の新しいひと月が自分の体を借り物として意識でき、大切に使わせていただける日々となりますよう心からご祈念申し上げます。

六根清浄（ろっこんしょうじょう）を願って

向かいに見えます手稲山にはまだ雪が残っていますが、気候もよくなり１年中で最も過ごしやすい季節になりました。庭の牡丹やシャクナゲが綿菓子のようなピンクの大きな花を咲かせ、眺める私たちの心を和ませてくれています。

私のように僧籍を持つ者に取りまして、お経を唱えることは毎日欠くことのできない勤めですが、唱えていて心に響くお経もあれば、そうでないお経もあります。

数多くあるお経の中で私が一番好きなのは「祓い」です。祓いは懺悔文に続いて唱える、いわば宣誓ともいえるお経ですが、般若心経や法華経など一般的な漢文のお経とは違い「天清浄、地清浄、内外清浄、六根清浄、心性清浄にして、諸々の穢れ不浄なし。我が身は六根清浄なるが故に天地の神と同体なり。諸々の法は影の像に随うが如く、為す処、行う処、清く浄ければ所願成就福寿窮まりなし。最尊無上の霊宝、吾いま具足して意清浄なり」という祝詞のようなものです。

私たちが信仰しています修験道は、仏教や密教から経典や作法を取り入れて来ましたが、思想的には日本独特の宗教といえ、精神的には古神道の影響を強く受けています。特に祓いは昔から山伏の間で唱えられて来たものとして今でも大切に唱えられています。唱えていますと心身共に浄化された気持ちになります。短く、しかも口語文で内容も平易でわかりやすく、私たちに究極の生き方を教えてくれているように感じます。

六根とは、眼・耳・鼻・舌・身・意を指し、これらを清浄に保つことの大切さを教えてくれていますが、毎日お風呂に入って体をきれいにすることではありません。負の感情を抱かず、常に感謝の気持ちを忘れず、想念を清浄にしていると自ずと人生は開け、願いも叶って幸福な日々を送ることができると教えています。

これから始まります皆様方の新しいひと月が意（こころ）清浄な日々となり、所願成就は勿論のこと、経済的・健康的にも恵まれ幸せな日々となりますようご祈念申し上げます。

他力と自力の融和

今年の１月に神恩不忘と題しまして、菩薩さまが１日も早く誓願を達成でき如来の地位に戻れるよう今年こそ精進を怠ることなく日々を過ごしたいとお話させていただきましたが、早いもので既に半年が過ぎてしまいました。

先月ご縁をいただき密教の修行の１つとされる加行に入りましたが、自分の精進の足りなさを痛感させられる結果となりました。

祭壇の両脇にある華瓶に房華としてシキビの小枝をお供え致しました。１週間で21座修法させていただきましたが、ちょうど新芽の出る時期だったこともあり一座ごとにシキビの芽が伸び、一節伸びたところで葉を出し最後には青々とした輝くような５つの葉を広げたのです。

根づきのシキビを買って来て、小枝を切って華瓶に差しただけだったのですが､切り口から水を吸い上げ精一杯生きているのです。

シキビの成長の速さに感動すると共に、それに比べ何と自分が怠惰で放漫な日々を過ごしていたのだろうかと恥ずかしくなり、懺悔懺悔の７日間となってしまいました。

この世に生ある限りシキビのように与えられた環境を素直に受け入れ、そこで最大限の努力をして日々向上を目指したいものだと決意を新たにさせられました。

今回の行でもそうでしたが家族を始め周囲の人々がどんなに心配し支援したいと願ったと致しましても、私に代わって修行をすることはできないのです。できることは食事や身の回りの支援であり、行そのものは自分で修法するしかないのです。この他力と自力の調和が大切であり、それによって厳しい修行も結願を迎えることができるのではないでしょうか。

人生も同じだと感じます。自分の人生を支えてくれている他力とそれに応えるべく精進を重ねる自力の調和に想いを馳せると、不平不満は消え自分の人生を支えてくれている有縁の人々に手を合わさずにはいられなくなるのではないでしょうか。
　弁財天様の供養をさせていただこうと発願して始めた今回の修行でしたが、これまでの半年を反省させられ、残された半年をいかに生きるかを教えられる結果となりました。残された半年が神仏のご加護に応えられる日々となりますよう、微力ながら精進を重ねて参りたいと願って止みません。

信仰の力

　先月は30度を超える日が10日近くもあり、札幌としては珍しく暑い夏となりましたが、お蔭様で6月の天候不順により成長が遅れていました家庭菜園の夏野菜が生き返ったように元気を取り戻し、たくさんの実を付けてくれました。
　今月はトマトやキュウリ・ズッキーニなど新鮮な夏野菜が食卓を飾ってくれることでしょう。
　仏事の基本は何と言いましても回向ではないでしょうか。回向とはサンスクリット語でパリナーマといい、「向う」とか「そらせる」などの意味になります。ですから、回向とは自分が修めた善行によって得た功徳を他の人々に向かって差し向け、分かち与えることなのです。よく回向供養といいますが、仏事による功徳を故人に振り向け、成仏を願うときに使われています。
　宗派を問わず読経の最後に唱える回向文と呼ばれる短いお経がございます。宗派によって漢文で唱えたり口語文で唱えたり、多少の違いはありますが、結願の文とも呼ばれ、供養の際には読経の締めくくりとして唱えられる大切なお経です。
　漢文では「願以此功徳　普及於一切　我等与衆生　皆共成仏道」

といい、口語文では「願わくば此の功徳をもって、あまねく一切に及ぼし、我らと衆生と皆、ともに仏道を成せんことを」となります。
短いお経ですが、わかりやすく仏事を行うときの基本的な考え方を明確に示してくれています。また、この世に生を授かった者としての生き方を端的に表現し教えてくれているとも言えるのではないでしょうか。
このお経は法華経の「化城諭品」に出て来る一節を取り上げたものですが、天上界や娑婆世界などを守護する梵天が誓いの言葉として述べているものなのです。
回向文にございますように、身口意の三密により積むことができた陰徳を自分だけのものとせず、有縁・無縁の人々にめぐらし、分かち与えることができれば日常生活は一変し、この上ない幸せを感受できるのではないでしょうか。
信仰の素晴らしさは、このように、仏教の教えに接することによってものの考え方が変わり、それによって日常の行動が変わり、最終的には人生そのものが変わる点にあるのではないでしょうか。
これから始まります新しいひと月が回向文の願いに裏打ちされた日々となり、ご縁をいただいた皆様と共に成仏させていただける毎日となりますよう、微力ながら精進を重ねて参りたいと願って止みません。

慈悲喜捨

今年の夏は暑い日が続き、札幌も暮らしづらくなって来たと思っていましたが、先月下旬に所要で九州は大分に行き、暑さの厳しいのに驚かされました。九州の暑さは北海道とは比べものにならないくらいで、南国の厳しさを痛感させられた３日間でした。

仏教に「慈悲喜捨」という教えがあります。文字の通りに解釈しますと、慈しみを持って悲しみや喜びを捨てる意味になりますが、そうではありません。

「慈悲喜捨」とは、慈・悲・喜・捨の４つの無量な知恵のことで、四無量心と呼ばれている教えなのです。

「慈」とは生あるものに対して慈しみの心を持って、楽を与える与楽の知恵を指し、「悲」とは哀れみの心を持って、他人の苦しみや悲しみを解決して取り除いてあげる抜苦の知恵なのです。

「喜」とは有縁の人々の喜びを妬んだり、羨んだりすることなく、素直に自分の喜びとしてとらえ、一緒になって喜んであげる同情の知恵を指し、「捨」とは好き嫌いなど自分の感情や先入観・潜在意識などに左右されることなく、囚われの気持ちや分別の気持ち等を捨て去る知恵なのです。

この知恵のことを分別に囚われない、分別を超越した知恵ということで無分別智（むふんべっち）と呼んでいます。

私たちは「慈」と「悲」を統合した慈悲という言葉をよく使いますが、慈悲の語源はアヌカンパーといい、アヌは「何かと共に」を意味し、カンパーは「震える」という意味なのです。

このようにアヌカンパーとは共振するとか、共感するという意味になりますから、慈悲とは相手と心を１つにして共感することなのです。

「あの人は慈悲深い」と表現することがありますが、家族は勿論のこと、仕事で一緒になる職場の人たちや最近では交流が希薄になったといわれる近所の人など、自分の人生ドラマに登場してくれている有縁の人々に対し、常に慈悲の気持ちを忘れず接することができれば、今の世の中で最も難しいとされる人間関係で悩むこともなく、明るく楽しい最良の日々を過ごせるのではないでしょうか。
これから始まります皆様方の新しいひと月が、慈悲の気持ちで満たされた日々となり、有縁の人々から「慈悲深い人」といわれる毎日になりますよう心からご祈念申し上げます。

理想の僧を求めて

仏教徒は、三宝に帰依して五戒を守らなければなりませんが、そのためには帰依していただけるような三宝でなければなりません。
三宝とは、仏法僧のことで、仏教を創始されたお釈迦様の仏とその教えである法、更には教えに従い修行する者の集団である僧のことです。
どんなにお釈迦様の教えがよくても、それによって修行しているとされる者の集まりである僧が在家の人々から批判されるような状況では布教活動はできません。
そこで初期経典では理想とされる僧のあり方を次のように説いています。
まことの僧とは教えを中心として和合を重んじる集団でなければならない。集団内では日々心を１つにして生活することによってさまざまな功徳を生み出し、平和で喜びに満ちた幸福感を味わうことができる。
こうした理想の集団をつくることができれば、降った雨が谷川から次第に大河となって最終的には大海に流れ込むように、その集団は次第に大きくなり社会的な流れとなって最後には皆が悟りの海に達することができる。
こうした理想の集団を維持するためには慈悲心に基づく身口意の

三業を守り、互いに戒めを守って得た物はたとえ僅かであっても互いに分け合うことが大切である。

そして、集団を更に大きく繁栄させて行くためには頻繁に集まって教えを語り合い、老いも若きも互いに相和して礼節を守り、時には人を立てて自分はへり下り、新しく入って来る者があれば厚くもてなさなければならないと教えています。

また、集団を衰退させないためには常に心身の清浄を保って雑事に振り回されることなく、衣食の質素を守って慎ましく生活しなければならないと教えています。

2500年も昔にお釈迦様の教えを守り、それを布教する立場にあった修行者に対し、こうした教えが存在したのです。

これから始まります新しいひと月が理想の僧を目指して努力できる日々となりますよう微力ながら精進を重ねて参ります。

幸せを求め三毒を滅す

早いもので今年も残すところ後、少しとなりました。自然は実りの秋を終え冬への備えを始めていますが、皆様に取りまして今年はどんな年でしたでしょうか。

私たちは修行のために肉体を授けていただき、この世の生活をしていますが、肉体を持ったことによりさまざまな感情を抱くことになり、それが悩みや苦しみを生み出しています。

お釈迦様は苦しみ多きこの世の生活を心豊かに生きるためには貪瞋痴の三毒を解消しなければならないと教えています。

初期経典とされている「雑阿含経」では、お釈迦様がコーサラ国のパセーナディ王に「人々が苦しみ悩んで不安に陥るのは３つのものが心の中に生じるからだ。その３つとは貪りと怒りと愚かさである」と教え、私たちの悩みや苦しみの根源が三毒にあると教えています。

そして、貪欲については「たとえヒマラヤを黄金化し、更に２倍にしても１人の欲望を満たすことはできない」と説き、人間の欲望がいかに大きいかを説いて聞かせています。

怒りについては「増一阿含経」で「一法を断てば煩悩を滅尽して聖者になれる。その一法とは怒りである」と説き、更に「怒る者に怒り返さぬ者は自分に勝つと同時に怒る相手にも勝利する」と教え、感情的になることを強く戒めています。

愚かさ（無明）については諸々の悪業を生む原因であり、無明を解消するためには八正道を実践しなければならないと教えています。そして、八正道の実践に当たっては善き友を持つことが大切だとして、堅固な信心と善き友、更にはあくなき精進が必要だと教えています。

お釈迦様のこうした教えを守り、貪りや怒りを解消できれば豊かな人間関係を構築することができ、家庭を始め地域や社会を明るく温かなものにできるのではないでしょうか。

これから始まります皆様方の新しいひと月が心に湧き出る三毒に打ち勝つことができ、幸多き日々となりますようご祈念申し上げます。

祈りの原点に返る

今年も早いもので残すところ後、ひと月足らずとなりました。皆様に取りまして今年１年、どんな年でしたでしょうか。

11月25日から26日に掛けまして、奈良県は吉野山の本山にございます蔵王堂に置きまして、管長猊下ご発願の「八千枚護摩供とも祈り」の行が厳修されました。昨年に引き続きの２座目の修行ですが、私も微力ながら助法を務めさせていただきたく帰山致しました。

25日午後１時の開闢座に始まり、26日午後１時の結願座まで３時間ごとに護摩を焚き、全国から寄せられた２万本を超える護摩木を不断の浄火に投じたのです。

その護摩木には「万人安楽」の記載があり、管長猊下が浄衣を身にまとい断食断水の中、１本１本心を込め願いを読み上げながら浄火に投じたのです。

私は光栄にもこの貴重なご修行に同席させていただき、お不動様のご真言を一心に唱えさせていただきました。

祈りは１つになり蔵王堂を満たすと共に全国で場所を異にしながらも「万人安楽」の祈りを捧げている人たちの祈りと一丸となり、天界に届いたように感じました。

祈りの力につきましては以前に申し上げましたが、自分のことはさて置き、人の為に祈る、人様がよくなるように祈る。これこそ祈りの原点ではないでしょうか。私たち凡人はとかく自分の願いを叶えて欲しいと神仏に祈ってしまいますが、正しい道を歩んでさえいれば、自分のことは祈らずとも神仏が叶えて下さるのです。

自分を浄化する最善の方法は人の為に祈ることではないでしょうか。そうした気持ちを忘れず日々生活することの大切さを痛感致しました。

今回の管長猊下ご発願の「とも祈りの行」は私たちに祈りの原点に立ち返ることを教えて下さいました。それはまさしく信仰の原点でもあるように感じます。

来年こそ人の為に祈る日々を過ごして参りたいと願って止みませ

ん。

皆様方がご家族お揃いでよいお歳をお迎えできますよう心からご祈念申し上げます。

一隅を照らす

1月のことを正月と申します。新年を迎え1年の目標を心に誓い日々精進を重ねますが、時間の経過に伴い、いつしか初心を忘れ目指した目標とは違った道を歩んでしまうことがあります。そうした自分を見つめ直し、正しい道に導き直すのが1月で、正しく修正する月ということから正月と呼ばれて来ました。

それでは新たなこの1年をどのような目標に向かって日々を過ごせばよいのでしょうか。

天台宗を開いた伝教大師最澄は著書「山家学生式」の冒頭で「一隅を照らす」と述べています。

暗い夜道を歩く人に取って明かりは安心と希望を与えてくれる救世主です。この世に生を受けたからには自分の置かれている立場で1つでも2つでも人様の為になることをしたいものです。

身近なところでは家庭の中で、更には職場で、もっと言えば社会の中で存在感のある、いわば求められる人間となって一隅を照らせる日々を送りたいものです。

一隅を照らすと致しましても照らす光の強さは、どうすれば変えられるのでしょうか。照明器具であれば60ワットを100ワットに取り換えると自ずと照度が変わり、あたりを照らす明るさをいとも簡単に変えることができますが、伝教大師がお説きになった「一隅を照らす」明るさを変えるにはどうすればよいのでしょうか。

金峯山修験本宗では五條管長猊下のご発願のもと、一昨年から「八千枚護摩供とも祈り」の修行を実践致しています。個人主義がはびこる今の時代だからこそ、自分のことはさて置き、とにかく人様がよくなるように祈る、更には世界の人々が幸せになるように祈っているのです。

今、最も必要とされていることは1人ひとりが自分の置かれている立場で「一隅を照らす」ことではないでしょうか。

これから始まります皆様方の新しい1年が「一隅を照らす」日々で満たされ、実り多い1年になりますよう心からご祈念申し上げます。

不二の精神に立ちかえる

昨年の10月読売新聞社が全国の孤立死を調査し新聞で発表しました。それによりますと、平成28年に誰にも看取られず自宅で亡くなった1人暮らしの人は19道県と東京23区で17000人を超えているというのです。47都道府県で考えて見ますと46000人にもなります。

戦後間もない昭和28年には自宅死が88％で病院死はわずか12％でした。それが52年後の平成20年では病院死が79％で自宅死は12％と逆転しているのです。

昭和28年当時は3世代家族も多い時代で90％近い人が自宅で家族に看取られて亡くなっていたのです。

文明が進み生活水準の高くなった今日、人生で最も大切と思える看取りの場面が孤立死という悲しく寂しいものになってしまったのはなぜでしょうか。

厚生労働省が発表した自殺白書によりますと平成28年の国内での自殺者は21897人で15歳から39歳までの若者が第1位を占め、先進国の中で突出して高い数値を示しているのです。

19歳以下では自殺の原因が学業不振や進路の悩みなど学校問題が主になっているのですが、20歳以上になりますと、職場の人間関係や仕事疲れ、失業や生活苦など社会的な不安が主要な原因になっています。

世界第3位の経済大国日本で若者が夢や希望を失い、生きる望みをなくして自ら命を絶たなければならないのはなぜでしょうか。

聖徳太子の三経義疏の1つに「維摩経」があります。維摩経では大切な教えとして不二の精神を説いています。私たち人間は多くの人々に支えられ生きることができているのです。

この自他不二の事実を自覚することによって「自分も世の為・人の為に何かしなくては」との思いが湧き起ります。

このように自利利他を主体的に実現したいとの願いを抱くことが大乗仏教の最も大切な教えのように思えます。言い換えますと立場を変え、その人に成り切って身口意を整えることが大切なのです。

日常生活の中でご縁をいただいた人の苦しみや痛みを自分の苦しみや痛みとして感じることができるかどうかを私たちは問われています。

私たちはとかく自分の願いや喜びを叶えるために執着心を燃やしますが、困っている人や苦しんでいる人、ご縁をいただいた人の為にお金や時間・体を使うことができれば、その結果、得られる喜びや満足感は何倍にも増すのではないでしょうか。

これから始まります皆様方の新しいひと月が自他不二の精神に裏打ちされた日々となり、ご縁をいただいた人々と苦楽を共にできる毎日になりますよう心からご祈念申し上げます。

すべては心がつくる

華厳宗の根本経典とされます「華厳経」には「牛は水を飲んで乳を成し、蛇は水を飲んで毒を成す」とあります。この教えは飲んだ水そのものに問題があるのではなく、水をどのように扱うかによって出来上がったものが全く反対の働きをしてしまう程、大きく変化することを私たちに教えてくれています。

牛は水を飲み、それを子牛の命を守り元気に育てるための栄養ある乳にして出し、蛇は水を飲んでもそれを敵対するものの命を奪うための毒にして出すのです。同じ水を飲んでいながら、どうして結果にこのような違いができてしまうのでしょうか。

現存する最古の経典とされます「ダンマパダ」には「物事は心に基づき、心を主とし、心に依ってつくり出される。もしも清らかな心で話したり行ったりするならば福楽がその人につき従う。車を引く牛の足跡に車輪がついて行くように」とあり、言動や行動はどのような思いで行うかによって、その結果が決まってしまうと説いています。

乳を出す牛には親としての子牛への愛情があり、毒を出す蛇には相手を征服しようとする敵愾心があります。この心の違いが水によってつくり出される液体の質や価値を大きく変える原因になっているのです。私たちの日常生活でも同じことが言えるのではないでしょうか。毎日の生活で体験する１つひとつの出来事をどのような心で受け止め対処するかによって、生活の質や価値そのものが大きく変ってしまうように感じます。

これから始まります皆様方の新しいひと月が牛のように自分に授かった仏の心（仏性）を存分に活かして、有縁の人々を喜ばせ幸せにできる徳積みの日々となりますようご祈念申し上げます。

第三章

菩提心に基づく誓願を立てる

菩薩の四弘誓願

例年ですと２月は積雪で車の運転も困難になるほど道幅が狭くなり排雪を心待ちにするのですが、今年は雪が少なく本当に助かりました。３月に入りましたので春の訪れも間近に感じられホットする今日この頃となりました。

皆様ご存知のように私どもが信仰しています修験道は実修実験の宗教で、まさしく具体的な実践や行動が求められる宗教なのです。

行動を起こすといいましても、そのためには根底となる菩提心の存在が不可欠となります。この菩提心に基づき実現のための具体的な誓願を立てることになるのです。

誓願にもいろいろありますが、菩薩に共通した誓願として最も一般的に知られ唱えられているのが「四弘誓願」ではないでしょうか。

「衆生無辺誓願度　煩悩無尽誓願断　法門無量誓願学　仏道無上誓願成」といい、具体的には数限りない人々を悟りの彼岸に渡そうとの願い、尽きることのない煩悩を滅しようとの願い、更には量り知れない仏法の教えを学ぼうとする願い、そして、最後に無上の悟りを成就したいとの願いなのです。

私は平成10年の護摩加行を契機に宗教活動の拠点として竹韻精舎を創建し活動を続けて参りましたが、今年でちょうど20年を迎えることになりました。

はじめは仕事と尺八、そして宗教活動という三足の草鞋を履いていましたが、平成20年春に仕事を辞めたことから二足の草鞋となって、「芸術は美から入り聞く人を幸せに導き、宗教は善から入り人を神仏に導く」との大本教主・出口王仁三郎師の言葉に従い、尺八と宗教を車の両輪にして道を極めようとの誓願を胸に微力ながら精進を重ねて参りました。早いものであれから既に10年が経ちました。

菩薩様の四弘誓願には足元にも及びませんが、これからは有縁の人々に安心と喜びを与えられる日々を過ごせるよう更なる精進を重ねて参りたいと願って止みません。

大空に羽ばたく

４月に入り一段と温かくなって参りました。庭のスイセンやチューリップも芽を出し始め、春の訪れを感じられるようになりました。４月８日はお釈迦様の生まれた日とされ、各地でお釈迦様の誕生を祝って花祭りが行われています。

今日は仏教の教えの中でも平易で身近に感じられ、しかも日常生活にすぐ役立てることのできる四恩の教えについてお話させていただきます。

四恩の教えにもいろいろありますが、「心地観経」では私たちの生活に欠かせない代表的な恩として「父母の恩」「衆生の恩」「国王の恩」「三宝の恩」の４つを説いています。

そして、「父母の恩」では父親の慈恩と母親の悲恩があると説き、２つを合わせた慈悲こそが父母の恩であると教えています。

この世に生を授かった者に取りまして両親は自分の生命の根幹でもあり、最も身近な存在であります。言葉を変えますと人生の大恩人と言わなければなりませんが、子供としてそれに匹敵するだけの恩返しができているだろうかと反省させられますのは私１人ではないと思います。

仏教でいうところの親に対する子供の恩返しの見本とも言えますのが目連尊者ではないでしょうか。

餓鬼道に落ち苦しんでいる亡き母を救おうと、目連尊者は多くの僧を呼び集め読経供養をして母を救ったと言われています。これが盂蘭盆会の始まりとなりお盆のお墓参りに繋がったと言われています。

２つ目の「衆生の恩」ですが、仏教ではすべての物は互いに因縁によって結ばれ支えられていると説き、人間は自分１人では決して生きていけるものではないと教えています。

衆生とは、人間に限ったことではなく、この世に存在する生きとし生けるもの一切を指し、自分の命を支え、生活を支えてくれている有縁無縁一切を指しています。

衣食住は勿論のこと、太陽や空気・水など毎日の生活に欠くことのできない大切なものに対し感謝の気持ちを抱き、手を合わせているでしょうか。なかなかそうはいかないのが私たち凡人の毎日ではないでしょうか。

恩を感じる感度の違いがその人の人生を変えると言われていますし、恩を忘れる者は「羽を失った鳥と同じで二度と空を飛ぶことができない」等とも言われています。

これから始まります皆様方の新しいひと月が両親は勿論のこと、自分の毎日を支えてくれている衆生に対する報恩感謝の日々で満たされ、社会的信用を得て大空に羽ばたける毎日となりますようご祈念申し上げます。

人を見て法を説く

今年のゴールデンウイークは１日と２日を休みますと９連休にな

りますので、ご家族お揃いで海外旅行を計画された方も多いのではないでしょうか。

お釈迦様は衆生1人ひとりの性格や能力、置かれている立場などを念頭に、その人にふさわしい方法や内容で教えを説いたと言われています。これが対機説法と呼ばれ、「人を見て法を説く」と言われるようになったのです。

仏教には8万4000におよぶ膨大なお経があると言われますが、対機説法で教えを説いた1つひとつがお経であり、お経の数が教えを説いて聞かせた衆生の数とも言えるのではないでしょうか。

私たち凡人はお釈迦様と違い、とかく自分の立場や能力を基に言葉を発してしまいます。既に理解し察知している人に対し、知らないだろう、気づいていないだろうと思って言葉を発してしまいますと、感謝の言葉ではなく反発の言葉が返って来ます。

それは、相手のことを理解せず自分の一方的な判断で言葉を発してしまったからではないでしょうか。それなのに「相手のことを思って忠告して上げたのに反発された」と相手を悪者にし、自分を被害者だと思い込んでしまいます。こうしたことは何も言葉だけに限ったことではありません。物を施したり、人を助ける場合にも同じことが言えるのではないでしょうか。

食事を終えたばかりのときにたくさんの御馳走を出されても困りますし、健康なときに薬をいただいても困ります。また、胃の調子が悪いときに風邪薬や血圧の薬をいただいてもありがたくないのです。そんなことをするわけがないと言いたいところですが、私たち凡人は同様のことを日常生活の中で数多くしてしまっているのです。ただ、相手が黙って受け入れてくれているから気づかないだけなのです。

仏教では無知・無明ほど罪深いものはないと教えています。たとえどんなに熟慮致しましても、所詮自分の経験や想いに基づいて行っていることですから、相手の立場に成り切ることはできませんが、少しでも近づく努力をして言葉や行動を整えることができれば、私たちの生活はもっと潤いのある明るいものになるのではないでしょうか。

これから始まります皆様方の新しいひと月が人を見て法を説ける日々となり、ご縁ある人々から感謝され、実りの多い毎日となりますよう心からご祈念申し上げます。

終活ならぬ病活

６月に入り新緑も一段と進み、１年中で最もパワーを感じる季節となりました。寸刻を惜しんで成長を続ける草木を見ていますと、こうしてはいられないと思う人も多いのではないでしょうか。

私事で大変恐縮でございますが、先月、94 歳になる母が黄疸の症状が出て急遽入院となりました。94 歳になるまで大病の経験がなく、入院するのは勿論のこと、点滴を受けるのも各種検査を受けるのも始めてのことばかりで、本人は戸惑うことが多かったようですが、ありがたいことに２週間の入院で無事退院でき自宅に戻ることができました。

仏教ではこの世の人生で避け難い苦しみとして「生老病死」の教えを説いています。４つの苦しみの中で、病いだけは他の３つの苦しみとは違い体験できる人とそうでない人がいます。

今回、病いに伏す母の姿を見せていただき、今まで思ってもみなかったさまざまなことを学ばせていただいた気が致します。母も生まれてはじめて入院を体験し、病いと戦うことや看護に当たって下さる医師団の方々の温かい対応に接し、多くのことを学んだに違いありません。
この度の母の入院を通じ、お互いに健康だったときには気づかなかったことやないがしろにしていたことなどを1つひとつ気づかせていただき、今までの生活を見直す大切な機会を与えていただいたと感じます。
こうして考えて見ますと、病気は単なる苦しみとしての病いではなく、病気になった人は勿論ですが、周囲の人々にも成長の機会を与えてくれていると痛感致します。
残された人に迷惑を掛けたくないとの思いから終活に取り組む人が多くなりましたが、いつ襲ってくるかわからない病気やケガに対処するための病活も大切なのではないでしょうか。
たとえ自分は健康でも同居する家族が病気やケガをすると自分の生活も大きく変化せざるを得ないことを自覚し、そのときのために心や生活の備えをしておくことが大切なのではないでしょうか。
これから始まります皆様方の新しいひと月が病活に裏打ちされた毎日となり、安心と家族愛で満たされた日々となりますようご祈念申し上げます。

百丈壊海（ひゃくじょうえかい）禅師に学ぶ

少子化が進み労働力不足が深刻化する中で、企業は退職後も再雇用して同じ職場で働ける環境をつくるようになって来ました。
再雇用の期間も65歳から更に延びて70歳までとする動きも出て来ています。こうなりますと退職するタイミングを自覚することが大切になります。その判断基準になるのが「停」です。
今では「定年」と表現しますが、昔は「停年」といっていました。

私が高校を卒業して電電公社に入社した当時は55歳が停年とされていましたが、実際にはその年以上の人が幾らでも働いていました。
「停」にはとどこおるとか動かない等の意味があり、当時は歳に関係なく自分にあてがわれた仕事が滞るようになったとき、自ら申告して退職すればよかったのです。
当時と比較しますと、定年は10年延びましたが、平均寿命も延びたのですから動ける間は歳に関係なく働き続け、若い人たちへの負担を軽減する努力を致しましょう。
中国は唐の時代に自給自足の生活を送っていた百丈壊海禅師は高齢になった師僧の体調を心配した弟子たちが農道具を隠してしまったため、作務を諦めましたが、その日は食事も取らなかったといいます。これが有名な「一日作さざれば一日食らわず」なのです。徒食を嫌い地位や年齢を意識することなく、常に先頭に立って作務に励んだ百丈壊海禅師こそ立派な高僧といえるのではないでしょうか。
初期経典とされる法句経には「頭髪が白くなったから長老なのではない。ただ歳を取っただけならば愚かな老人と言われる。真実に従い、徳あり、殺生せず、慎みあり、自ら制し、汚れを除いた賢い人が長老と呼ばれる」とあります。
これから始まります皆様方の新しいひと月が長老と呼ばれるにふさわしい日々となりますようご祈念申し上げます。

子を想う親の気持ち

先月は家庭菜園のナスやエンドウ、ズッキーニなどが食卓を飾ってくれました。無農薬で育てた新鮮な野菜を毎日いただくことができ、この上ない贅沢を味わいましたが、同じ今を共に生きながらも世界には食事を与えてもらえず尊い命を絶っている子供たちがいることを想いますと胸が痛くなります。

ユニセフによりますと今や450万人の子供たちが保健や栄養など生きるために必要な最低限のニーズを満たしてもらえず危機にさらされていると言われています。人道支援活動は砂漠に水を撒くようなものだと言われているそうですが、子供たちは大人の支援がなければ生きることができない環境の中に置かれているのですから、何とかして上げたいと願わずにはいられません。

仏教には子供に対する親の気持ちをもとにした教えが幾つもあります。

現存する経典の中で最も古いものとされ、お釈迦様の教えを色濃く伝えていると言われていますスッタニパータには「母が己が独り子を命を懸けて護るように無量の慈しみの心を起こす」とあります。

仏教は慈悲の宗教とも言われますが、慈しみの心を母親の子に対する気持ちになぞらえて教えているのです。

そして、こうした子を想う母の慈しみの気持ちを以て、一切の生きとし生けるものが幸福であれ、安穏であれ、安楽であれと願いなさいと教えているのです。

大乗仏教を代表する唯識思想と如来蔵思想とを統合した教えを説く経典とされています「楞伽経(りょうがきょう)」では「仏は一切の生きとし生けるものすべてを子供のように想っている。肉を食べることは自分の子供を食べるに等しいのであり、一切の肉を食してはならない」と教え、一切の肉食を禁じる根拠として子供を想う親の気持ちを例に掲げています。

子を想う親の気持ちはいつの時代になろうとも決して変わることのない人類普遍の想いなのではないでしょうか。

これから始まります皆様方の新しいひと月が子を想う親の気持ちで満たされる日々となりますようご祈念申し上げます。

象の本当の姿とは

現存する最古の経典の１つに「ウダーナ」（自説経）があります。そこでは有名な象の喩話が説かれています。サーヴァッティーに多くの異教の沙門やバラモン、遍歴遊行者たちがいて、世界は永遠に続くかそうでないか、命と肉体は同じものか別ものか、如来は死後も生存するかしないか等と互いに口論し、自分の見解こそが正しいのだと主張して譲らず、争い傷つけ合っていました。

托鉢に出掛けた比丘たちがこうした様子を見て帰りお釈迦様に理由を尋ねると、お釈迦様は次のような象の話を説いて聞かせたのです。

「その昔、サーヴァッティーに１人の王様がいて家来に国中の生まれつき目の不自由な人たちを集めさせ、象とはどのような動物なのかを理解させなさいと命じました。命じられた家来は目の不自由な人たちを集め、１人ひとり象のところに連れて行き触れさせたのです。

家来の報告を受けた王様が盲者たちに象とは一体どのような動物だったかと質問しました。

すると象の頭に触った者は瓶のようなものだと応え、耳に触った者は薄い蓑のようなものだと応え、牙に触った者は杭のように尖ったものだと応え、鼻に触った者は鋤のように細長いものだと応え、胴体に触った者は蔵のように大きなものだと応え、足に触った者は柱のようなものだと応え、尾に触ったものは箒（ほうき）のように細いものだと応えました。
　そして、互いに自分が主張する象の姿こそが正しいのだと譲らず、争って殴り合いの喧嘩を始めました」
　この話を終えたお釈迦様は異教の遍歴者たちが行っていた口論は自分が触った部位のみで象の姿を理解できたと判断して争っている盲者たちの論争と同じで、真理を知らない者同士の争いに過ぎないのだと教え、自分の見解に執着することなく、常に真理を求めて修行を重ね無用な議論をしてはいけないと諭したのです。
　笑い話のようですが、私たちの日常生活でもあり得ることではないでしょうか。
　常に自分の言動や行動を冷静に見つめ、時には人の話に耳を傾けることも必要なのではないでしょうか。
　これから始まります皆様方の新しいひと月が自分の見解に執着することなく、常に真理を求めて精進できる日々となりますようご祈念申し上げます。

万人安楽を祈る

「暑さ寒さも彼岸まで」と申しますが、秋の彼岸も終わり10月に入りました。今年は猛暑で厳しい夏でしたが、これからは1年中で最も過ごしやすい実りの秋を迎えます。
　彼岸の中日が秋分の日として祝日になっていますので、ご家族お揃いでお墓参りをされた方も多いのではないでしょうか。
　彼岸にお墓参りをするのは日本独自の習慣です。秋分の日には太陽が真東から上り、真西に沈みますので西方極楽浄土に往生したご先祖様に想いを馳せ、感謝の気持ちを捧げる仏事となりました。

「父の恩は山よりも高く母の恩は海よりも深し」との諺があります。自動車や飛行機のなかった時代の人々は生まれた土地で生涯を過ごし、亡くなる方が殆どだったのではないでしょうか。

自分が生活する環境の中で高いものと言えば山であり、低いものは海の底だったのでしょう。その最も高い山や低い海の底よりも両親から受けた養育の恩のほうが勝ると表現しているのです。

昔の人は衣食住どれを取りましても現代とは比較にならない程、質素で余裕のない生活を強いられていたと思いますが、心は現代人よりはるかに光り輝いていたように感じます。

自分を生み育ててくれた両親やご先祖に対する報恩感謝の気持ちを忘れず供養することは自分や子孫を大切にすることにつながるのではないでしょうか。

そして、血のつながっていない人々に対しても同様の気持ちを抱き、行動することができれば世の中は一変するのではないでしょうか。

仏教では有縁の供養から無縁の供養へと発展させることを教えています。

金峯山修験本宗では吉野山の蔵王堂で 10 月 26 日午後 1 時から翌 27 日に掛けまして「万人安楽とも祈り」と題して、八千枚護摩供を五條管長猊下ご導師のもと厳修致します。

場所は違っても、時を同じくして共に万人安楽のために祈りを捧げるのです。これこそ祈りの原点だと感じます。

自分に取って最も身近な恩人であります両親に対する感謝の祈りから始めて、次第に祈りの対象を広げて行き、最終的には万人安楽の祈りを目指したいものです。

これから始まります皆様方の新しいひと月が万人安楽の祈りに向かって歩むことのできる日々となりますようご祈念申し上げます。

身口意を整える

早いもので今年も山では雪が降り始め、タイヤの交換やストーブの用意など冬支度をしなければならない季節になりました。今年の冬は暖冬との予報ですので穏やかな冬であって欲しいと願っています。

仏教徒は得度受戒の際、仏法僧の三宝に帰依し、不殺生・不偸盗・不邪淫・不妄語・不飲酒という五戒を守ることを求められますが、これらはいずれも行為に関する戒めにとどまっています。

行為がどんなによくても心の持ちようによっては、その行為が価値を失ってしまうことがあります。そのため、大乗仏教の戒律の基本は十善戒にあるとされています。

十善戒とは、不殺生・不偸盗・不邪淫・不妄語・不綺語・不悪口・不両舌・不貪欲・不瞋恚・不邪見を指し、行動に関する不殺生・不偸盗・不邪淫の３つと言動に関する不妄語・不綺語・不悪口・不両舌の４つ、そして心の持ちように関する不貪欲・不瞋恚・不邪見の３つによって構成されています。

言動や行動はその根底にあります想いや願い等、心のあり方次第でその価値を大きく変えてしまいますので、何と言いましても心の問題が最も大切になります。

仏教には８万4000の経典があると言われていますが、その教えを一言で表現すると致しますと「この世をいかに正しく生きるか」ではないでしょうか。

現存致します最古の経典と言われています法句経に「言葉を慎み、意を整え身に不善を作さず。この３つの形式によりて、己を清むべし。かくして聖の説ける道を得ん」とありますように、身口意の三業を浄め最終的には自分の心の浄化を図ることではないでしょうか。

その心も意図的なものではなく、そうしないではいられない、自然にそうなる無心の心を目指すとあります。毎日の生活の中でこれらの戒律を守り実践し続けることはとても大変なことですが、今日１日だけでしたら私たちでも実現可能なように感じます。そして、実現できましたら同様に次の日も、今日１日だけと思って精進を重ねて行ければよいのではないでしょうか。

これから始まります皆様方の新しいひと月が十善戒を守り、仏道修行実践の日々で満たされますよう心からご祈念申し上げます。

維摩経（ゆいまきょう）に学ぶ

早いもので今年も残すところ後ひと月足らずとなりました。今年は猛暑に襲われ厳しい夏でした。秋は更に厳しく台風や地震に襲われましたが、皆様方に取りましてはどんな１年でしたでしょうか。

仏教には８万 4000 とも言われます程多くの経典がありますが、その中に在家の人物を主人公にしたお経があります。

「維摩経」といい、聖徳太子が仏教を学んだ際、大切なお経として選んだ３つのお経の１つです。

また、藤原鎌足も熱心な維摩経の信者で中国の僧・福亮を招いて維摩経の講義をさせたと言われています。

このお経の特徴は維摩という在家の大富豪を主人公にして、仏教が目指す理想の世界をこの世で実現させるためにはどうすればよいかを説いています。

般若経典が原理論であるのに対し、維摩経は実践論ということができます。光厳童子の修行の道場とは何処かとの問いに対して維摩居士が「直心是れ道場なり」と応え、更に菩薩の実践徳目とされる六波羅蜜や四無量心の実践が道場そのものだと付け加えているように、どのような心を持って生活すればよいのかを教え、更にはその思いに基づいて具体的な行動を起こし実践することの大切さを説いています。

それではどのような心構えで毎日を暮らせばよいのでしょうか。維摩経のクライマックスは何と言いましても「不二の精神」に関する問答ではないでしょうか。

２人の人がいましても我を超越し心が１つになれば一心同体となることができます。この自他不二の精神こそ大乗仏教の根幹を成す精神ではないでしょうか。

今回の地震災害を通じ私たちは貴重な多くの体験をさせていただきました。地震による家屋の損壊という直接的な被害に遭わずとも、全道の人々が停電や断水と言ったライフラインを失い長時間不自由な生活を強いられました。特に高層マンションにお住いの方々は大変なご苦労をされました。

そうした中、マンションの隣にある戸建ての人が家の前に「トイレをお使いください。お水もご自由にお持ちください」と看板を出して、マンションの方々にトイレや飲料水を無償で提供したというのです。

これこそ自他不二の精神を実践された見本ではないでしょうか。

こうして考えて見ますと、不幸や受難が一概にマイナス要因ばかりとは言えないように感じます。

仏教の不二の精神に裏打ちされた「向こう三軒両隣り」のお付き合いを大切にし、来年もお互いに助け合い支え合って心豊かで安心できる毎日を過ごそうではありませんか。

遺教経（ゆいきょうぎょう）を拠り所として

皆様におかれましてはご家族お揃いで新年をお迎えになられたこととお慶び申し上げます。今年は年号が変わるとのことですので、まさしく新しい門出の年になりますが、この１年が皆様方に取りまして実り多い豊かな年となりますよう、心よりご祈念申し上げ初護摩を焚かせていただきました。

１月のことを正月と申しますが､正しくは｢修正の月｣と申します。

新年を迎え１年の目標を心に誓って日々精進を重ねますが、時間の経過に伴い、いつしか初心を忘れ目指した目標とは違った道を歩んでしまうことがございます。

そうした自分を見つめ直し、正しい道に導き直すのが１月で「正しく修正する月」ということから正月と呼ばれて来ました。

「一年の計は元旦にあり」と申しますが、年頭に当たり今年１年の計画を立てられた方も多いのではないでしょうか。

私は昭和58年にご縁をいただき得度受戒を授けていただきましたが、この36年間不思議に思い納得いかない現実に直面して来ました。

日本では仏教と言いますとイコール葬儀といえるくらい、亡き人の供養こそが仏教の本義のようになっていますが、お釈迦様の教えを勉強すればする程、そうではないことに気づかされます。

お釈迦様は「生老病死」という苦しみ多きこの世の人生をいかに正しく生きるかを説かれました。今年こそ仏教の原点ともいうべきお釈迦様の教えに少しでも近づくことができるよう、努力して日々を過ごして参りたいと願っています。

具体的にはお釈迦様の命日であります毎月 15 日に最後の教えを纏めた経典と言われています「遺教経」をお唱えして、お釈迦様の教えを肝に銘じ、忘れることのないよう精進を重ねて参りたいと思っています。

特に出家僧侶が守るべき戒めとしてお示しになられた、悟りに至るために守るべき少欲・知足・遠離・精進・不忘念・正定・修智慧・不戯論という８つの徳目をかみしめ、「少欲・知足」を守り、「勤め励む」ことを忘れず、日々努力して参りたいと思っています。

これから始まります皆様方の新しい１年が、お釈迦様の教えに裏打ちされた仏教徒にふさわしい毎日となりますようご祈念申し上げます。

随喜の功徳

早いもので今年もひと月が過ぎ２月に入りました。２月３日は節分です。古来、私たちの先祖は立春の前日に豆をまいて邪気を払い、歳神様をお迎えして新しい年の平穏と幸多いことを祈って来ました。

「福は内、鬼は外」と唱えながら豆まきをするのが一般的ですが、私たちの金峯山修験本宗では「福は内、鬼も内」と唱えます。「鬼も内」と唱えて豆まきをするのは全国でも私たちのお寺だけではないでしょうか。

この世に生を授かった者と致しましては、平穏で幸せな生活は今年１年にとどまらず、生涯続いて欲しいと願うものです。そして、できることならあの世でも極楽に往生して、永遠に幸せな毎日を過ごしたいと願わずにはいられません。
　極楽浄土に往生する近道は何と言いましてもこの世での生活を感謝と奉仕の日々で満たすことではないでしょうか。
　支えられ生かされている自分を自覚し、支えてくれている人々に感謝の気持ちを抱くと同時に、その気持ちを具体的な行動に移し、世の為・人の為に働かせていただくことではないでしょうか。
　そうすることで「ありがとう」の言葉で満たされた日々を送ることができ、幸せな毎日を過ごすことができるのではないでしょうか。
　高齢化社会が進み街のいたる所にケアハウスが立ち並ぶようになりました。ケアの本来の意味は「悲しみを共にする」ことだそうです。ですから喜びや苦しみ、悲しみをお互いに共有し合い、分かち合うところがケアハウスなのです。
　私たち仏教徒は七仏通戒偈の教えに従い、善行の実践を目指し、陰徳を積む日々を送りたいと願うものですが、「大智度論」では「善を行ずる者より、それを随喜する者の功徳のほうが勝る」と教えています。
　戦後のベビーブーム世代が70代となり高齢化社会の課題が叫ばれていますが、与えられた日々をいかに心身ともに健やかに生きるかを私たちは問われているように感じます。
　イギリスの科学者ニュートンにちなんだ天体の運行から割り出した「ニュートン時間」がありますが、これに対しフランスの哲学者ベルクソンの名を取った「ベルクソン時間」があります。この時間は同じ時間でもその人の感覚や意識によって短く感じたり、長く感じたりする時間のことです。
　これから始まります皆様方の新しいひと月がケア精神に基づく随喜の日々で満たされ、生きがいに支えられ短く感じられる毎日となりますよう心からご祈念申し上げます。

三輪清浄の大切さ

早いもので今年も３月に入り彼岸を迎える月となりましたので、日もだんだん長くなり春の気配を感じられる季節になりました。

菩薩に課せられた６つの実践徳目を六波羅蜜と申しますが、その第１番目に掲げられているのが布施行です。

布施とは、在家の人々が出家行者や寺院・教会に財物などを施すことですが、皆様が行っています身近な布施行と致しましては月参りに来られたお坊さんにお渡しする御布施がございます。

布施には今お話しました金銭を施す財施の他に法施や無畏施があります。一般的には信者さんからの財施に対し、僧侶は読経による供養や法話などを施し互いにバランスを取っていますが、仏教ではこの財施と法施のやり取りに際し三輪清浄が大切だと教えています。

先ず布施する人は私利私欲や特定の目的のために施してはいけないのです。

そして、布施として施す財物が不当に得た物であってはならないのは勿論のことですが、布施を受ける僧侶は布施を受けるにふさわしい行いをしていることが前提になります。

このように仏教では施す人と施す施与品、更にはそれを受け取る僧侶が共に清浄でなければ布施本来の行為とはならないのです。

このように三者がすべて清浄で始めて布施行は成立するのであり、どれ１つ欠けても布施にはならないと教えています。

江戸時代に臨済宗再興の祖として活躍した白隠禅師の師僧だった至道無難禅師は「お金は天下の宝である。悪人が持てば人を苦しめ自分も苦しむことになるが、善人が持てば人を助け自分も楽しむことができる」と教えています。

そして、「布施する者はたとえ千貫・万貫の布施も三銭と思って出せ。受け取る僧侶は万貫の布施も三銭と思って受け取らなければ後世は畜生になること疑いなし」と力説しています。

お金がすべてを左右するような風潮が強くなりつつある今日、とても重い言葉のように感じられてなりません。

私も宗教家の末席を汚す者と致しまして三輪清浄の教えを肝に銘じ日々精進を重ねて参りたいと願っています。

これから始まります皆様方の新しいひと月が三輪清浄の精神に裏打ちされた布施行の毎日となりますよう心よりご祈念申し上げます。

七仏通戒偈を身に読む

長かった冬も終わり今年も希望に満ちた春の到来となりましたが、5月から使用される令和という新元号の発表があり、まさに新時代の幕開けとなる歴史に残る春を迎えることになりました。

この記念すべき春を機に日々の生活を見直し、仏教の原点に立ち返って実り多い日々を過ごして参りたいと願っています。

葬式仏教と言われますように、仏教は死者を供養する宗教のように思われていますが、そうではありません。現在この世を生きている私たちの心を救済し、人間としての生きる道を教えてくれるのが仏教なのです。

生老病死に象徴されますように思うように行かず困難の多いこの世の人生を、いかに希望を持って正しく生きるかを仏教は教えているのです。

仏教の教えを守り、この世の人生を正しく生きるとは「七仏通戒偈」の実践に他ならないように感じます。七仏とは、お釈迦様とお釈迦様が現れる以前に悟りを開いたと言われる６人の仏のことで、七仏が共通して説いた教えが「七仏通戒偈」なのです。

「諸悪莫作　衆善奉行　自浄其意　是諸仏教」という 16 文字の非常に短いお経で、「もろもろの悪をなさず、ありとあらゆる善を行って自らの心を浄めよ。これが諸仏の教えである」との意味になります。

ここで大切なことは人に後ろ指を指されたくないから悪いことをしないとか、名声を得るために多額の寄付をする等というように、行為の意図が不純であってはならないのです。

「七仏通戒偈」は現存する最古の経典とされます法句経の中に納められています「言葉を慎み、意を整え、身に不善を作さず。これにより己を清めるべし。かくして聖の説ける道を得ん」との教えがベースになっているのです。

このように仏教は「この世の人生をいかに正しく生きるか」を説いています。

また、仏教は自業自得を説き、いかなる事態が起きようとも責任を他に転嫁せず、原因は我にありとして「自分で蒔いた種は自分で刈り取る」ことを原則としています。

新元号の制定にあわせ心機一転を図り、身口意の三業を浄め、宗教家らしい日々を過ごせるよう微力ながら精進を重ねて参りたいと願って止みません。

六道化生を目指して

今日から元号が令和に変わり、記念すべき日となりました。この記念すべき元号の変更に合わせ、新たな目標をたてられた方も多いのではないでしょうか。

修験道は神仏混淆の宗教ですので供養も致しますが、祈祷も致します。祈祷の際には錫杖を使用致しますが、錫杖は柄の先に付けられた金属製の環を振り鳴らす法具です。環の数によって幾つかの種類が御座いますが、修験道では菩薩の持ち物とされます六環のものを使用します。六環は菩薩の実践徳目とされます六波羅蜜を象徴しています。

この錫杖の功徳を説いたのが九条錫杖経です。九条からなる短いお経で私たちの宗派では朝・夕の勤行の際には必ずお唱えするお経の１つになっています。

第五条の六道化生条では「当願衆生　檀波羅蜜　大慈大悲　一切衆生　尸羅波羅蜜　大慈悲大悲　一切衆生　孱提波羅蜜　大慈大悲　一切衆生　毘梨耶波羅蜜　大慈大悲　一切衆生　禅那波羅蜜　大慈大悲　一切衆生　般若波羅蜜多　大慈大悲　一切衆生」というように六波羅蜜の実践を説き、大きな慈しみと哀れみをすべての人々に注いで行こうと教えています。

この教えを実践することは大変難しいことですが、私たちでも取り組みやすいように毎週曜日を決め、テーマを１つに絞って実践してみるのも１つの方法ではないでしょうか。

例えば、月曜日は施しをする日として笑顔を絶やさず思いやりのある言葉を発す等、自分なりの施しをしてみる。

火曜日は規律を守る日として法定速度を守って車の運転をする。

水曜日は忍耐の日として腹を立てずに過ごしてみる。

木曜日は努力の日として何事にも精一杯取り組んでみる。

金曜日は反省の日として冷静に自分の生活を見つめてみる。

土曜日は知恵の日として愚痴をこぼさず生涯学習に取り組んでみ

る。

元号が変わり国や社会も新たな目標に向かって動き出しました。私たちも仏教徒の１人として、令和にふさわしい新たな目標に向かって精進を重ねて参りましょう。そうすることによって家庭や社会が変わり、この世に理想の仏国土を実現させることができるのではないでしょうか。

これから始まります皆様方の新しいひと月が、仏国土建設の一翼を担う毎日となりますようご祈念申し上げます。

仏教的経営のすすめ

先月末には真夏のように暑い日が続きましたので、庭の牡丹が満開となり彩り豊かな美しい季節を迎えました。

今回は仏教の教えを企業の経営に照らし合わせて、お話させていただきます。三世とは過去世・現在世・未来世のことで仏教では過去の因縁によって現在があり、現在の生き方によって未来が決まると教えています。

事業も同様に前期の反省に基づき今期の目標を定め、未来へと繋ぐなど事業の過去・現在・未来を見通して経営できれば、発展の良循環を形成でき事業を成功に導くことができます。

経営とは経を営むと書きます。経は縦糸を意味していますので、事業を継続するための営みということになります。

経営とは大乗仏教の根幹的な教えとも言えます「上求菩提・下化衆生」という菩薩行の実践そのものであり、顧客や社会のニーズに応える商品を開発するための自利行と、それを施与することによる社会的貢献としての利他行の実践に他ならないのです。このように経営の理念が明確かつ強固であれば社会的信用を得て、事業は必ず成功し繁栄の道を歩むことができるでしょう。

このように社会に貢献できる企業活動を目指すことは勿論ですが、更にそこで働く社員１人ひとりの人格向上を促す経営ができれば、これこそ理想としての仏教的経営を実践したと言えるのではないでしょうか。

諸行無常と申しますが、企業の業績は無常そのものであり、今、よくても必ず悪いときが来ますので、安心してはいけませんが、悪くても努力すればよくすることができますので諦めたり悲観することはないのです。

今日の現在は明日には過去となり、未来が現在となる等、三世は絶えず入れ替わっていますので三世不二を感じ取り、現状を冷静に見据えて是正・改善する等、社会の変化に対応できる臨機応変な経営努力を忘れてはいけないと感じます。

令和が日本企業の新たな発展の時代になることを心よりご祈念申し上げます。

続　仏教的経営のすすめ

先月に引き続き仏教の教えを企業活動に活かした経営についてお話させていただきます。企業存続の命は顧客や社会のニーズに応えた商品やサービスを適切な価格で提供することにあります。そのためには社会の変化や顧客のニーズに即応した商品やサービスを開発するための絶えまぬ自利行の実践が不可欠となります。

この世は諸行無常です。無常だからこそ中小企業やベンチャー企業が大企業や有名企業に成長することができるのです。また、業績も無常でありよいからといって慢心していますと悪化の一途を辿ることになります。

諸法無我と言われますように、この世では何一つ孤立して存在するものはございません。すべて相互に依存し支え合って成り立っています。ですから、諸法無我の精神を根底とした共存共栄を目指して活動することが何より大切なのではないでしょうか。

貴社が栄えるから弊社も栄え、貴社が滅びれば弊社も滅びるはこの世の習わしです。諸行無常と諸法無我を会得して始めて涅槃寂静に達することができるのです。

こうした大乗仏教の根本思想とも言われます自利利他行の実践としての企業活動を続けていますと、社会的信用を得ることは勿論のこと、顧客の集積がなされて経営は安定致します。

仏教の人間観は無記と言われ善でも悪でもなく、その両方の可能性を持ち因と縁により結果を生じると教えています。鉄は時間が経ちますと錆びて来ますが、同じ鉄でも鉄道のレールは光り輝いています。

このように鉄は自分自身の中に錆びる要素を持っていますが、条件によってはいつまでも光り輝くことができます。

知識や地位・名誉・財力等を得たことにより自分を見失ってしまう人がいます。精進を重ねて得たそれらを鉄道のレールのように自分を磨く力とし、光り輝く人間になるための大切な要素にしなければなりません。

企業活動の根底となります仕事が社会のためになるものでなければならないことはいうまでもありませんが、そこで働く人々が働ける喜びとプロとしての誇りを持って働いていること、更にはその労働に見合った報酬が支払われていることなど、仕事・労働・報酬の三者が調和し共に清浄でなければなりません。

世界情勢が大きな不安を抱えている今日、企業経営は一層難しくなって来ています。世界に誇れる高度な技術力に加えて仏教の教えに基づく日本的経営を実現できれば困難な時代を生き抜くことができるのではないでしょうか。

仏教的経営のすすめ③

今月も仏教の教えを企業活動に活かした経営についてお話させていただきます。

仏教で説く「不」には、否定の不とは違い、超えるとか超越するという意図が込められています。超越することによって、その事象に心を奪われることなく、冷静に世の中の動きを捉えて判断や行動ができます。

時代の流れに逆らったり、社会の動向を無視しますと企業の経営は成り立ちません。そうかと言って流されてしまいますとバブルが崩壊したとき、多くの企業が経営不振に陥ったり倒産したように、経営の失敗に繋がります。

先を見定めつつ時代の流れを活かして社会のニーズに応えてこそ、般若心経で教える「不」の精神に基づく仏教的経営と言えるのではないでしょうか。

分別は必要ですが、ややもすると不正や隠ぺい・経営の硬直化に繋がる恐れがあります。

そこで、あるがままを素直に見つめる智慧が必要になります。先入観や意思・感情を離れることによって見えて来る課題や進むべき道を確認し、速やかに対策を取る。こうした具体的な企業活動に繋がる知見こそ、本当の智慧であり「般若」なのではないでしょうか。

暗闇が神仏の光明を呼び寄せると言われますが、困難に出会うことで神仏を求める気持ちを発芽させることができます。

このように私たちの日常生活での神仏の出現は常に地獄のような体験の中であり、苦境のさなかであるように感じます。

我が身に降りかかる困難を神仏に近づく絶好の機会と捉えることができれば、苦しみは喜びに変わり、感謝の気持ちが湧いてきます。

太陽が燦燦と輝く昼間ではどんなに強い光を用いても輝きを発揮することはできません。同様に順風満帆のときには社員の真価は見えにくいものです。企業の力や社員の力量が明確になるのは不況や経済状態の悪いときなのではないでしょうか。

どうしたら自社がよくなるか、儲かるかではなく、どのようにして顧客や社会のお役に立てるかを追い求めることが大切です。

こうした求道者とも言える企業活動を忘れなければ、顧客や社会が企業を支え繁栄させてくれるに違いありません。

仏教的経営のすすめ④

暑い日が続いた８月も終わり、秋風を感じる季節になりました。今月も仏教の教えを活かした企業活動についてお話させていただきます。

この世では学校を卒業しますと就職して働くことが当たり前になっていますが、なぜ働かなければならないのでしょうか。

お金が欲しい、地位や名誉・権力を得たいというような自分個人の欲望を満たすために働くのではありません。毎日、多くの人たちに支えられ生かされているのですから、せめて自分にできることで恩返しをし、この世での借りを少しでも減らしたいとの願いから働くのです。

このように天職としての仕事であり、神業としての職業なのですから、使命感と誇りを持って働くことが何よりも大切と感じます。

仏教で教えるところの菩薩行の基本ともいえます利他行としての仕事であり社会参加なのです。このように企業活動の生命は利他行の実践にあります。

多くの人々や動植物を始め鉱物に至るまで、森羅万象あらゆるものに支えられて私たちは生きることができているのです。生きているというより、生かされているといったほうが正しいかも知れません。

それを自覚できれば自ずと慈悲の気持ちや感謝の気持ちが湧き、身の回りに存在するあらゆるものを尊重することができるのではないでしょうか。

このようにこの世では独立自存のものは何一つ存在しませんが、これを仏教では諸法無我と言っています。この諸法無我の精神を根底に企業活動することこそ仏教的経営と言えるのではないでしょうか。

仏教思想の根幹は「無縁の大悲」と「不請の友」と言えるでしょう。無縁の大悲とは他人に対しても家族のように慈悲の心で接することです。また、不請の友とは誰に対しても友だちのように親身になって対応することです。

企業は他人の集合体と言ってもいいでしょうが、一昔前まで日本企業は社員を家族同然に扱って「無縁の大悲」を実践して来ました。また、現代になって叫ばれるようになったソリューションビジネスは顧客に成り代わって課題を解決する「不請の友」の実践のように思えてなりません。

働き改革が叫ばれる今日、最も大切なことは労働時間や賃金といった表面的な労働条件の見直しにとどまらず、従来、日本企業が持っていた世界に誇れる仕事観や社員観の再興にあるのではないでしょうか。

縁起の教えに学ぶ

新型コロナウイルスの感染拡大が止まらず、世界の感染者が3000万人を超え、死者が遂に100万人を超えてしまいました。亡くなられた方々のご冥福と感染者の1日も早い完治を願って護摩を焚かせていただきました。

お釈迦様は縁起の法を明らかにされて悟りを開かれたと言われています。この世の物事はすべて因果関係により生じ、そして、消滅して行くということですが、原因と結果の間には条件ともいえます縁が存在します。

大豆の種を日の当たる温かいところに置いても、それだけではいつまでたっても芽を出すことはありません。この種を土の中に埋め、水を与えて適度な温度を保ちますと幾日もたたずに芽を出します。種という因が土や水・温度などの縁によって芽という果を生じたことになります。

私たちの人生に於けるカルマ（業）も同じことが言えると思います。因果応報という諺がありますが、多くの因を抱えていましても、直ぐにその結果が出るわけではありません。結果が出るためには、その環境ともいうべき縁が整う必要があります。毎日私たちの身に降り掛かって来ている出来事もすべてこの法則に従って姿を現しています。

人生は出会いによって決まると言われていますが、時と場所と行動の仕方によって出会う人が特定され、人生ドラマの共演者たちが決まってしまうのです。
ですから、どんな出会いもすべて原因我にありで、不平不満をいうことはできないのです。
縁にもいろいろあると思いますが、時間・空間・人間の３つの間によって生じるものが縁ではないでしょうか。
間が悪いとかよいとかいいますが、同じことをしましても、この３つの縁のいかんによって結果は大きく変ってしまい、良縁にもなれば悪縁にもなります。
現実的には１つの因や縁で果が生じることは少なく、幾つもの因や縁が集まってはじめて果が生じているのではないでしょうか。
ですから、果を生じるために最も重要な役割を果たした因や縁は何かを悟ることが大切だと感じます。そうすることによって果を正しく受け止めることができるのではないでしょうか。
幸いにもコロナ禍のため自宅で過ごす時間が増えました。この機会にこれまでの人生を縁起の法則に当てはめて、冷静に見つめ直して見ることも大切なのではないでしょうか。

未来の蕾で満たす

仏教には８万4000といわれる程、多くの経典がございますが、「遺教経」は「涅槃経」「遊行経」と共に、お釈迦様の三大遺言経の１つです。
その中では「少欲・知足」を守り、「勤め励む」ことを忘れず精進の日々を過ごしなさいと教えています。
私たちが抱える悩みや苦しみの多くは、既に起きてしまってどうすることもできない過去のことやどうなるかまだわからない先のことに気を取られてしまうために起きているのではないでしょうか。

人生100年と叫ばれる今日、長くなった高齢期の質をいかに高めて日々を過ごすかを問われているように感じます。

従来の西洋ではホモサピエンス（知恵の人）を人間観の代表として来ましたが、ユダヤ人でアウシュビッツ強制収容所の入所体験を持つ精神科医のフランクルはホモパティエンス（苦悩する人）という新しい人間観を打ち出しました。

フランクルの人間観は苦難多きこの世の人生をいかに正しく生きるかを説いた、お釈迦様の教えとも一致します。

終活などを通じて自分の生きる時間が限られていることを自覚できれば、残された時間をより豊かに、そして有意義に生きようと願わずにはいられなくなります。この世で時間ほど貴重で掛け替えのないものはありません。

人生が短いのではなく長すぎるくらい十分な時間を与えていただきながら、無駄に使って自ら短くしてしまっているのではないでしょうか。

陶芸家の河井寛次郎は「過去が咲いている今、未来の蕾で一杯な今」と言いました。今、美しく花が咲いていても、それはこれまでの努力の結果であり、明日以降も咲き続けてくれる保障はありません。

明日以降のことは今日をどのように生きるかに掛かっています。未来をよくするのも悪くするのも「原因我にあり」なのではないでしょうか。

なんの努力もせずに、ただ年を重ねるだけでは花を咲かせることはできません。私たちにできることはただ1つ、未来のために今を大切に生きることではないでしょうか。

ドイツの詩人ゲーテは「処世のおきて」の中で「気持ち良く生活しようと思ったら、済んでしまったことをくよくよ考えず、腹を立てずに現在を楽しむこと。そして未来のことは神にまかせること」と言っています。

これから始まります皆様方の新しいひと月が未来に花を咲かせるたくさんの蕾をつくることができる日々となりますよう心からご祈念申し上げます。

善き師、悪しき師

今年も残すところひと月足らずとなりましたが、皆様方に取りましてはこの1年どんな年だったでしょうか。

奈良の東大寺で有名な華厳宗の根本経典「華厳経」では、この世のすべてのものは互いに関連し合い支え合って存在していると教え、菩薩行実践の大切さを強調しています。

菩薩の修行は「自利行」と「利他行」に分けられますが、自利行の目的が衆生済度にありますので、自利・利他どちらも衆生救済のための修行ということができます。

衆生救済の根底にありますのは、自分と他人とを区別なく扱うという不二の精神に基づく「慈悲行」の実践であり、菩薩が目指す衆生救済の道なのです。

ここで重要なことは「自身を見ず、施物を見ず、受者を見ず、業を見ず、報を見ず、果を見ず・・・・」等と実践に伴うもろもろの執着心を離れてこそ修行は完成し意味があると教えています。

今年もご縁をいただき新たに4人のお弟子さんと師弟関係を結ぶことになりました。お釈迦様の説法をまとめたとされる初期経典の

1つに「阿含経」がありますが、その中でお釈迦様は善き師・悪しき師として具体的な例を挙げて師僧たる者のあるべき姿をお示しになられています。

悪しき師として3つの例を挙げていますが、その1つ目の例は弟子たちに幸せになるための立派な教えを説きながら自分では実践しないため、そんな師の姿を見て弟子たちは師の教えを信じず実行もしようとしない。2つ目の例は師の行動は1つ目の例と同じですが、弟子たちは師に関係なく教えを信じ実行する。3つ目の例は弟子たちに立派な教えを説くと同時に自分でも実践して見せますが、弟子たちは教えを守らず離れていく。

以上3つの例がお釈迦様がお説きなった悪しき師の例ですが、それでは善き師とはどうなのでしょうか。善き師とは正しく生きるべき教えを説き、かつ自ら実践して見せる師であり、師の姿を見て弟子たちも教えを守り実践すべく精進する。このように師弟が共に同じ方向に向かって歩めるように導ける師僧こそが善き師であると述べています。

阿含経の教えを肝に銘じお弟子さんたちと共に菩薩行を実践して行けるよう日々精進を重ねて参りたいと願っています。

これから始まります皆様方の新しいひと月が実り多い新たな年へと繋がる掛け替えのない日々となりますようご祈念申し上げます。

人となる道

江戸時代に活躍した真言宗の僧侶・慈雲飲光は「人となる道」を著し、仏教徒たるもののあるべき姿を具体的にお示しになられました。その教えは「十善戒」とも呼ばれ仏教徒が守るべき一般的な戒律とされています五戒より、はるかに厳しい戒律となっています。
　我が宗派でも教師・教徒の守るべき戒律として十善戒を掲げています。
　具体的には不殺生（生きものを殺すなかれ）、不偸盗（盗むなかれ）、不邪淫（男女の道を乱すなかれ）、不妄語（偽りをいうなかれ）、不綺語（ふざけた言葉をいうなかれ）、不悪口（人をののしったり、悪口をいうなかれ）、不両舌（仲たがいをさせるようなことをいうなかれ）、不貪欲（貪るなかれ）、不瞋恚（怒るなかれ）、不邪見（よこしまな見解を抱くなかれ）です。
　不殺生とは人間や動物を殺さないだけでなく、虫や草木に至るまで命あるものを大切にすることですし、不偸盗も単に物を盗まないことだけではなく時間を無駄にせず、給料に見合う働きをすることや布施に対応した法施の実践等も含まれます。
　不妄語は他者にウソや偽りをいわないことは勿論ですが、自分の心をあざむかないことも含まれますし、不綺語では軽薄な言葉を発したり、時と場所にふさわしくない発言も含まれるのです。
　不両舌は簡単に言いますと二枚舌を使わないことです。
　これら十善戒の内、不殺生・不偸盗・不邪淫・不妄語に不飲酒を加えたものが五戒です。
　在家の身では不飲酒を守ることは難しいと思いますが、不飲酒戒の目指すところは執着心に負け溺れてはいけないと教えているのであり、酒だけではなく、異性やお金・権力に執着して溺れることなども含め戒めているのです。
　ですから酒を飲むこと自体を禁止し戒めているのではなく、酒を飲むことによって自制心を失い他の戒めを破ることにつながる心配があるので問題にしているのです。
　このような十善戒を守って始めて人となることができると慈雲飲

光は教えています。

これから始まります新しい1年が十善戒を守ることができ、胸を張って「私は人です」と言える日々となりますよう互いに精進を重ねて参りましょう。

あるべきようわ

今年は異常とも言える程雪が少なく寒さだけが厳しいため、庭の草花や秋蒔き野菜が凍ってしまい、春になっても芽を出せないのではないかと心配になります。

このように身近な植物も私たちと同じように取り巻くさまざまな要因に影響されながらも懸命に生きようとしていると感じます。私たちはややもすると自分の努力や力で生き抜いていると思いがちですが、生きているのではなく生かされている自分に気づくことができますと、自ずとありがたいという感謝の気持ちが湧いて参ります。そして、受けた恩のいくばくかでもお返しできるよう、具体的な報恩の行動を取りたいとの誓願に辿り着くことができます。

こうした誓願を実現するための1つが金峯山修験本宗の五條管長猊下が発願されました「とも祈り」の行ではないでしょうか。

この「とも祈り」の行は日本を「日の本」と読んだり致しますが、仏教ですと大日如来、神道ですと天照大御神という太陽神の教えに立ち返り、あまねく一切に光を当てようとする実践実修でもあります。

日々私たちを守り導いて下さっている守護神や守護霊に対する感謝に始まり、身に降り掛かる困難や悩み苦しみを過去のカルマ解消の機会と捉え感謝して受け止めると共に、すべての人々が幸せになるよう願う「とも祈り」の実践へと発展させて行けるよう、日々精進を重ねて参りたいと願っています。

私たちは神仏と違い、どんなに優れた人でも弱点や欠点を持っているものです。

お互いに足りない所を補い合い、支え合って生きることができれば、日々の生活は一層豊かで幸せに満ちたものになるのではないでしょうか。

そして、1日が終わり就寝する際には無事暮らせたことや自分の生活を支えてくれた多くの人々に感謝の祈りを捧げることができましたら魂の輝きが一段と強くなるのではないでしょうか。

鎌倉時代に活躍した明恵上人は「あるべきようわ」の大切さを強調されました。「僧は僧のあるべきよう、俗は俗のあるべきようなり」と言われ、人それぞれに与えられた立場に従い、自ら守るべき規律や果たすべき責任を自覚して実践することの大切さを説かれました。

これから始まります新しい1年が僧籍を持つ者のあるべき日々となりますよう未熟ながら精進を重ねて参りたいと願っています。

善き師、善き縁を求めて

中国で発生した新型コロナウイルスの感染があっという間に世界中に広がり大きなニュースになっています。ニュースを見ていて国境を越えた人の往来がいかに多く、しかも日常的に行われているかを痛感させられました。

華厳宗の根本経典とされます「華厳経（けごんきょう）」ではこの世のすべてのものは互いに関連し合い、支え合って存在していると教えていますが、まさにその通りで世界中の国々や人々の支え、協力なしには私たちの生活が成り立たない現実を実感致しました。

「華厳経」は悟りを開くために如何なる道を歩むべきかを教えている経典ですが、そのポイントともいうべきところは文殊菩薩に促されて、善財童子が悟りを求めて南インドを旅し53人の善知識と言われる、いわば人生の模範ともいうべき善き師を訪ね、さまざまな教えを受け最後に普賢菩薩のもとで悟りを開くという「入法界品」です。

訪ねた善き師には宗教界の偉人や悟りを開いた聖人だけではなく、国王や商人・少年少女や農民・船頭なども含まれ、先入観念を持たずに素直な気持ちで接すると、どんな人からも道を学ぶことができると教えているのです。

江戸時代に整備された東海道の宿場は「東海道五十三次」として有名に成りましたが、華厳経にある善財童子が53人を訪ねた求道の旅にヒントを得て創られたものなのです。

お釈迦様の最後の教えを纏めたとされる「遺教経」では不忘念として常に正念を忘れず守ることの大切さを教えています。正念を忘れず堅持していれば善き師や善き友、善き縁に出会うことができ、煩悩に左右され悩み苦しむこともないと教えています。

ただ、どんなに善き師や善き友、善き縁に恵まれたと致しましても自分に気づく資質や学ぶ謙虚な気持ちがなければ、魂向上のチャンスを活かすことはできません。

私たちの人生も同様で主人公である自分自身の判断や選択により、すべてが決まっているのです。

これから始まります皆様方の新しいひと月が人生ドラマに登場してくれた共演者たちとの貴重な出会いやご縁を十分に活かすことができ、悟りに向かって進むことのできる日々となりますようご祈念申し上げます。

新型コロナウイルスに学ぶ

中国で発生しました新型コロナウイルスの感染が世界中に広がり、感染者は70万人を超え、更に拡大する状況にあります。死者の数も増え続け、世界は第二次世界大戦に匹敵する事態として、国を挙げて対応に当たっています。

３か月前、私たちは令和になって初めての正月を迎え、新たな時代の幕開けに大きな夢と希望を抱き輝く未来を期待しました。誰一人として、このような事態を予想することはできなかったと思います。

仏教には「諸行無常　諸法無我　涅槃寂静」という、皆さんよくご存じの三法印の教えがございます。

「諸行無常」とは、私たちを取り巻くさまざまな出来事や物、感情に至るまで、この世に存在するありとあらゆるものは常に変化し、生滅を繰り返しているとの教えです。

また、「諸法無我」とは、この世に存在するものすべては互いに関連し合って繋がり、そして調和することによって始めて存在が成り立っているとの教えです。

こうした２つの教えを悟ることによって心身の安らぎを得ることができ、「涅槃寂静」の境地に辿り着くことができると教えています。

今回の新型コロナウイルスの発生はまさに私たちに「諸行無常　諸法無我」を教えてくれているように感じます。

今まで当たり前、当然と思っていた暮らしが一変してしまいました。

学校に通うことや自由に外出したり、仲のよい友だちと飲食を共にする。欲しいものがあればスーパーに行っていつでも買える。野球や相撲など好きなスポーツを会場で観戦でき、計画したイベントを予定通りに実施できる。これまでのこうした暮らしが、平和な今日にありながら根底から覆されました。しかも突然にです。

お金があるのにマスクが買えず外にも出られない。保育園や学校が休みになってしまい母親が働きに行けず、店は客の減少により経営がなりたたなくなっています。

このような現状を目の当たりにし、私たちの生活がいかに多くの繋がりを基に、互いに支え合い成り立っていたかを痛感させられました。

今回の経験を活かして今まで当たり前と思っていたことを１つひとつありがたいと実感できれば、感謝感謝の日々を過ごすことができるのではないでしょうか。

これこそ三法印の最後の教えであり目標でもあります「涅槃寂静」を体得したことになるのではないでしょうか。

新型コロナウイルスの感染が１日も早く終息することを願って止みませんが、今回学んだことを決して忘れることなく今後の生活に活かして参りましょう。

母の恩に報いる

新型コロナウイルスの感染拡大が止まらず、先月ひと月で感染者の数は４倍以上に増え、死者も 20 万人を超えてしまいました。１日も早く感染拡大が終息するよう願って護摩を焚かせていただきました。

５月の第２日曜日は「母の日」です。日頃の感謝の気持ちを込め、お母さんにカーネーションのプレゼントを予定している方も多いのではないでしょうか。

　こうした習慣は100年程昔にアメリカのウエストヴァージニア州に住んでいたアンナ・ジャービスという女性が亡き母を偲び、お母さんが好きだった白いカーネーションを教会に集まった有縁の方々に贈ったことが始まりとされています。

　お釈迦様は親から受けた恩の大きさを説き「母と父は子供たちを育て、養って、この世で生活して行くことを教えてくれた。されば子供たちは恩を感じ母と父を扶養し、教えを守り家系を絶やさず、信仰を保ち戒めを守って生活しなければならない」と教えています。

　当時のインド社会は家父長制度が根強く、父親の権限が絶大だった中で、お釈迦様は両親を表現する際に「母と父」と言って父親より母親を先に挙げています。

「父母恩重経」というお経は中国で成立したとも言われていますが、その内容は身ごもって10月10日の間、自分の血や肉を授けて命を育んでくれた恩や痛みや苦しみに耐え生んでくれた出産の恩、そして、母乳を与え育ててくれた恩、更には汚れたオムツもいとわず手で洗い常に清潔に保ってくれた恩など具体的な例を挙げて親に対する恩を教えていますが、その殆どは母親から受けた恩なのです。

　お釈迦様は「自ら豊かで楽に暮らしていながら、年老いた母や父を養わない子供がいる。これは破滅へ続く門をくぐるようなものだ」と厳しく戒めています。

　そして、「子供は年老いた両親の足を洗い、沐浴させ、粥を食べさせ大切にお世話しなければならない」と日常的に行うべき具体的な内容までお示しになられています。

　2500年前にお釈迦様がお説きになられた教えは現代でも通じることであり、人の道ではないでしょうか。

今年は花の配送を分散させ新型コロナウイルスの感染拡大防止を図るため、５月ひと月を「母の月」とするようになったようです。
これから始まります皆様方の新しいひと月が母に対する感謝と報恩の日々で満たされますようご祈念申し上げます。

浄き心を養う

４月７日に発出されました新型コロナウイルス感染拡大に伴う緊急事態宣言が５月25日に全面的に解除されました。宣言が解除されましてもウイルスが消滅したわけではなく、毎日のように感染者も出ていますので手放しで喜ぶことはできません。
自由に外出できず、家に閉じ籠る日が長くなるにつれ気持ちも暗くなりがちですが、そんな気持ちを払拭し明るくしてくれているのが、テレビやラジオのニュースではないでしょうか。
コロナウイルスに関連したニュースの中には命の危険を感じながらも懸命に職務に当たって下さっている医療従事者の方々にマスクや防護服を提供したり、苦しい経営の中で児童館や子供のいる家庭に無料で弁当を提供している飲食店、更には家賃を返還した大家さんの話題など、ニュースを観ていて胸が熱くなります。
一方コンビニ強盗や詐欺、置き配の荷物を盗むなどの残念なニュースも流れています。同じ苦しい環境の中にありながら、具体的な行動にこうも大きな違いが出て来てしまうことをどう受け止めればよいのでしょうか。
仏教には数多くの経典がありますが、お釈迦様がお説きになられていた当時の教えを最も色濃く残しているといわれる「法句経」では「ありとあらゆる悪をなさず、ありとあらゆる善を行い。己の心を浄めんこそ、諸仏の教えなり」と教えています。

この教えは七仏通戒偈として漢訳され有名になりましたが、悪いことを止め、善いことをするのは社会生活を営む私たちに取りまして倫理道徳の範疇とも言えます。

宗教としての仏教が問題にしていますのは、こうした行為によって自分の心を浄めることにあるのではないでしょうか。

同じ体験をしても体験から何を習得するかは人に依って違って来ます。形から入って心を整える方法もありますが、真っ先に想いや願いが生じ、その想いや願いを実現するために具体的な行動を取りたいものです。

仏教では身・口・意と言いまして行動・言動・想念の３つをいかに浄く保つかを修行の重要テーマにしています。お釈迦様は言動や行動の元になる想念を最も大切にされました。

私たちは今回の新型コロナウイルスの感染拡大により、今まで見えなかったものや感じられなかったことを観たり感じたりすることができました。

この体験を活かして新しい生活様式を創造し、温かく豊かな人間関係を構築することができるかどうかを私たちは問われているように感じます。

これから始まります皆様方の新しいひと月が、浄き心から生まれた行動で満たされますようご祈念申し上げます。

食生活を見直す

新型コロナウイルスの感染拡大が１日も早く終息するよう願いを込め護摩を焚かせていただきました。新型コロナウイルスの感染拡大が長期化する中で働き方や時間の過ごし方など、これまでの生活そのものを見直す動きが出て参りました。

この機会に私たちの命を支える食生活について見直して見るのもよいことではないでしょうか。

お釈迦様は美食や大食が身を滅ぼすとして、コーサラ国王に少食をすすめ実践させたと言われています。

また、お釈迦様の最後の教えを纏めたとされます「遺教経」では「わずかに身を支えることを得て、これを以て飢渇を除け」と少食を説いています。

仏教の食事観は物の命を尊重する点にあり、生きるために毎日繰り返している殺生を可能な限り慎み控えることで、生き物に対する慈悲行の実践を目指しています。そして、犠牲になった生き物に対する報恩として、世のため・人のために役割を果たすことが大切と教えています。

江戸時代に活躍した観相家の水野南北は節食により命拾いをした経験から、生涯粗食を守り観相家として大成すると共に長寿を全うすることができました。

医食同源という言葉がありますが、水野南北は食宗同源を説き、食により心を育てることの大切さを力説して食は宗教そのものだと述べています。

そして、私たちの日常生活を支えてくれている家や土地・衣服やお金など、すべてのものは借り物に過ぎず、この世で自分の物はただ１つ食べ物だけだと断言しています。

昔から健康のためには腹八分といわれて来ましたが、水野南北も食は腹に満ちないことを以て最善とするとし、腹一杯食べることを強く戒めています。

また、飲み物についても「水を無駄にする者は短命で、かりに長生きしても子供の縁が薄く晩年は凶となる。長生きして子宝に恵まれたいと望むなら、先ず水を大切にせよ」と教えています。

修験道の修行で欠くことのできない節食や断食の意義は、こうした考え方に基づいています。神仏に対する本当の祈りとは自分の食事を減らしてお供えし礼拝することではないでしょうか。

これから始まります皆様方の新しいひと月が少食を守り、生き物に対する慈悲行実践の日々となりますようご祈念申し上げます。

来世のために今日を生きる

今月も新型コロナウイルスの感染拡大が１日も早く終息することを願って護摩を焚かせていただきました。

仏教と言いますと葬儀、葬儀と言いますと戒名や輪廻転生を思い浮かべる方が多いのではないでしょうか。

それで今月はお盆でもございますので、輪廻転生についてお話させていただきます。

そもそも人間が死後、別な世界で生き続け、再びこの世に戻って来るという輪廻転生の思想は古代インドのバラモン教の根本思想の１つだったといわれる五火・二道説に端を発しています。

バラモン教の二道説はこの世の生き方によって死後、天界に上って２度とこの世に戻って来ない人と、再び人間の母体に宿ってこの世に戻って来る人の２通りあるとの教えです。

仏教では、この二道説を更に発展させて人間は現世での行為に基づき死後、６つの世界のどこかに落ち着き、その後、再びこの世に戻って来るという六道輪廻を説いています。

六道とは、地獄道・餓鬼道・畜生道の三悪道と修羅道・人道・天道の三善道のことです。
お釈迦様は多くの人々は貪りや怒りの欲望により業を積み、その結果輪廻に至るとして、輪廻の根本原因である無知を滅するための智慧を持つことが大切であると教えています。
そして、欲望を離れ解脱して涅槃に至るためには、怠ることなく勤め励まなければならないとお説きになっています。禅定に徹し自己を見つめて本当の己を知り、常に人間のあるべき姿を保てるよう精進を重ねなさいと教えています。
お釈迦様は自己を２つの面から捉え、１つは自己中心的で欲望を満足させようとする煩悩を主体とする自己で、こうした自己は抑制し克服しなければならないとしました。
もう１つは良心や向上心を主体とする自己で、これこそ常に保持して追求すべき自己だとしました。
このように仏教の実践とは理想的・規範的自己を日常的に保持することであり、自己の研鑽・努力以外に道はないとされました。また、生きとし生けるもの一切に対する慈悲行の実践でもあり、具体的には「母が己が身命を忘れ子を愛するように、万人更には一切の生きとし生けるものを愛せよ」と説かれました。
そして「来世を信ぜざる人は悪を行う」として悪業を積むと死後、地獄に生まれ、善業を積むと天の世界に生まれると輪廻転生を説かれました。
具体的には「或る者は人の母体に宿り、悪業を造った者は地獄に堕ち、正しき者は天に上り煩悩を滅し尽くした者は涅槃に入る」とあります。
これから始まります皆様方の新しいひと月が善業を積み重ねる日々となり、涅槃に近づく毎日となりますよう心よりご祈念申し上げます。

自分の生き方を見つめる

日本には古くから亡くなった人の霊魂は肉体を離れて神々のすむ近くの山にのぼり祖霊となって、里村で暮らす子孫を見守りさまざまな恩恵をもたらしてくれるとする祖霊信仰がありました。こうした習慣が仏教の浄土信仰と融合してお彼岸やお盆の供養という日本独自の仏事が生み出されました。

お釈迦様が存命だった頃の話ですが、毎日忙しく働き続けて満足な信仰もできずに若くして亡くなった息子でも天国に生まれることができ、安楽に過ごせるでしょうかと在家信者の母親が尋ねたのに対し、お釈迦様は常に東へ東へと伸びて成長を続けた大木はどんな切り方をしても東に倒れるでしょう。それと同じように正しい生き方をしていた人は必ず天界に赴きよい所におさまることができると応え母親を安心させたというのです。

また、他人を傷つけたり物を盗むなど罪深い生き方をしていた人の例では、湖に大きな石を投げ入れて「石よ浮かび上がれ」といくら願い祈ったところで石が浮かび上がらないように、天界に生まれることはなく永い間苦しむことになると述べ、生前の生き方がいかに大切であり、それによって死後の世界が決まってしまうのだと説かれました。

私たちがこうして毎日元気に暮らせるのは両親を始め多くのご先祖のお陰なのです。お彼岸やお盆を機に両親やご先祖に感謝の祈りを捧げましょう。そして、自分の生き方を冷静に見つめ、死後は間違いなく天界に生まれることができるとお釈迦様に言っていただけるような日々を過ごして参りましょう。

第四章

祝福される
最後を目指す

安堵感と充実感に満ちた旅立ち

今月も新型コロナウイルスの感染拡大が1日も早く終息することを願って護摩を焚かせていただきました。

お釈迦様はこの世に存在するあらゆるものは、一時として同じ状態で存在することはなく、常に変滅していると諸行無常をお説きになられました。

人間の体は60兆の細胞と約140億個の脳神経細胞とによって、心と体を調和的に機能させていると言われています。

私たちの体を支えている細胞は毎日新陳代謝を繰り返していますので、昨日の体と今日の体は同一ではありません。そういう意味では私たちは毎日生まれ変わっているといってもよいのではないでしょうか。

体が日々新しくなっているのですから、精神的にも同様に生まれ変わった気持ちで、昨日までのことに囚われず新たな夢や希望に向かって、今日を怠ることなく生きたいものです。

お釈迦様はこの世の人生を「苦」と捉え、生老病死を人生の四大苦としてお説きになられました。どんな人にも必ず死は訪れます。

1000人の死を見届けたといわれる、終末医療に従事するお医者さんが死を迎えたときに後悔することの1つとして、何故生まれて来たのか、死んだらどうなるのかという「生と死の問題」を乗り超えられなかったことを挙げています。

また、神仏の教えを知らなかったことや自分の宗教や信仰を持っていなかったことなども挙げています。

アメリカの宗教学者カール・ベッカーは死を世界で一番恐れてい

るのは日本人だと指摘しています。

幸いにも私たちは信仰の道を歩むご縁をいただいています。このご縁を大切にして、お釈迦様の教えを日々の生活で実践して行くならば、死を恐れることはないでしょうし、人生ドラマの共演者たちに「ありがとう」と感謝の言葉を残して、修行を無事に終えた安堵感と充実感とに満ちた穏やかな旅立ちができるのではないでしょうか。

私たちは誕生したとき、多くの人々から「おめでとう」と祝福されました。そうであれば亡くなるときも同様に「卒業おめでとう」と有縁の人々から祝福してもらえるような人生を歩みたいものです。

これから始まります皆様方の新しいひと月が祝福される最後を目指して、善業を積む日々となりますよう心よりご祈念申し上げます。

旅立ちに向けて

早いもので今年も実りの秋を迎えました。今年は庭のリンゴが豊作でたくさんのリンゴを収穫することができました。毎年、収穫したリンゴを前に想うことがございます。

リンゴの木でさえ１年でこれだけの具体的な成果を上げているのに、自分は一体何をして来たのだろうかと懺悔と反省の念にかられてしまいます。

70歳を過ぎますと、そろそろ旅立ちの準備として身の回りの整理を始めたり、有終の美を飾れるような老後を歩みたいと願うのは私だけではないと思います。

日本には「子孫に美田を残さず、徳と誉を残せ」との人生の指針にもなるような諺がございますが、仏教では菩薩になるための最も大切な修行として徳積みの布施行を説いています。
布施といいますと、物やお金を施す財施や教えを説いて人を導く法施、更には恐怖や不安を取り除いて安心を与える無畏施などがございます。
これらの布施を実践するためには財力や特別な能力を必要と致しますが、誰にでもすぐにできる布施行がございます。
雑宝蔵経で説く無財の七施です。具体的には優しいまなざしで対応する眼施、にこやかな笑顔で接する和顔施、思いやりのある優しい言葉を使う愛語施、体を使って奉仕する身施、一心同体となって苦楽を分かち合う心施、電車やバスで座席を譲る床座施、家に泊めたり休憩の場を提供する房舎施の七施です。
どれも簡単にできそうですが、毎日実践するとなりますと大変です。まずは身近な家庭の中で今日１日だけと思って実行し、それを習慣化できるよう精進を重ねたいものです。こうした日々を過ごそうと精進することこそ仏教徒のあるべき姿であり、旅立ちに向けた最善の日々を送ることになるのではないでしょうか。
これから始まります皆様方の新しいひと月が「無財の七施」実践の日々となりますよう心からご祈念申し上げます。

ローソクのように生きる

秋も深まり庭の冬囲いをしたり漬物を漬けたりして冬に備える季節となりました。新型コロナウイルスの感染拡大がインフルエンザの流行と重なって、医療機関に更なる負担を掛けることがないよう願いを込めて護摩を焚かせていただきました。今回の新型コロナウイルスの感染拡大により私たちは貴重な体験をさせていただきました。世界中の誰もが「他者があってはじめて、自己がある」という存在の原点に気づかされ、無量無数の縁と多くの支えによって生かされている自分を知りましたが、これは仏教の基本的な教えとも言えます「縁起の法」を体得することにつながりました。

この縁起の法を理解したことによって、他者への感謝の気持ちを深めることができ、それによって「自分が」「私が」との自我に対する執着心を解消できたのではないでしょうか。

困難多きこの世を豊かに生きるためには自己と他者、善と悪、此岸と彼岸など二元対立の考えを離れ、「維摩経」で教えるようにご縁ある人と一心同体となり、相手の身に成り切るなど「不二の精神」を抱いて生活することが大切なのではないでしょうか。

大乗仏教唯識派では無分別智という智慧の火が燃えることで自分の中にある煩悩が消滅して行くと同時に、そのエネルギーによって困っている他者を救う慈悲行の実践に繋がると教えています。

この教えはローソクの火に譬えるとよくわかります。ローソクは燃えるとき、光を放ち周囲を明るく照らし出します。これは智慧の光と言えます。

また、熱を出し周囲を温かくしますが、これは慈悲の心を発揮して衆生を救済することを教えています。そして、最も大切なことはロウが燃えて少しずつなくなって行きますが、これは一隅を照らし無心に衆生救済を実践する中で自分の心の中に存在した我執やエゴの気持ちが解消されて行くことを象徴しているのです。

ローソクが自分の身を燃やし続けて消滅して行くように、自分の煩悩を日を重ねるごとに減らし続け、すべてを解消できたときにあの世に旅立つことができれば理想の旅立ちと言えるのではないでしょうか。毎朝ローソクに火を灯しながらそんなことを思う日々となりました。

自分の心を熏習する

新型コロナウイルスの感染が急増し世界の感染者が6000万人を超えました。日本でも第3波の状態を迎えています。

今年も残すところ1か月足らずになりましたが、例年とは全く違った年末を迎えることになりました。これから年末に向け人との出会いや買い物など外出する機会が多くなりますが、感染予防を徹底し家族揃って無事に新年を迎えることができるよう精進致しましょう。

本日も大乗仏教唯識派の思想についてお話させていただきます。唯識思想では唯（ただ）心（識）しか存在しないと説き、すべてをつくり出す心をアーラヤ識と呼んでいます。

アーラヤ識は意図的に操作できない深層心で、過去の経験に基づく知識や感情などを種子として蓄えていることから一切種子識とも呼ばれています。こうした種子は死によって私たちの肉体がなくなっても消滅せず、次の生命を生み出す元になると説き、輪廻転生を決定づける重要な種子なので、正しい教えを何度も聞いて熏習させなさいと教えています。

熏習とは煙でいぶして肉を燻製にするように、深層心にある種子に体験や感情を浸み込ませて保存することです。

肉の燻製は使用する木材の種類によって味や香りが違って来ます。それと同様に深層心に貯えられている種子も日々の生活の仕方や感情の抱き方に依って熏習され、それを因として次の新たな果を生じさせると教えています。

私たちは同じ時代を同じ日本で生活していますが、日々、体験することやその体験をどのように感じるかは１人ひとり違っています。与えられた１日24時間、３度の食事など生活を支える基本的な衣食住にそれ程違いはありませんが、心の持ちようや行動の仕方によってあの世に旅立つときの心境に違いができてしまいます。

貧富の違いや老若男女を問わず誰にでもできる善業の実践は「ありがとう」と言って感謝の気持ちを抱くことではないでしょうか。

親子・夫婦・上司と部下・教師と生徒など、いかなる関係にあっても当たり前ということはないのです。どんなときにも、誰に対してもありがたいと感じることができ、素直に「ありがとう」と口に出して言えるかどうかを私たちは問われているように思います。

これから始まります皆様方の新しいひと月が感謝の気持ちを表す「ありがとう」の言葉で、アーラヤ識の種子を熏習する毎日になりますよう心からご祈念申し上げます。

互いの生命を守る

コロナの感染拡大が続いていますので、いつもの正月とは違い家族揃って新年を迎えることができず、寂しい想いをされている方も多いのではないでしょうか。１日も早く自由に外出でき、以前のように平穏な生活に戻れるよう願って護摩を焚かせていただきました。

日本では「10月ひと月で自殺した人がコロナの感染で亡くなった人の累計を超えた」とアメリカのＣＢＳニュースは大きく報道しました。

これまで日本の自殺者は減る傾向にありましたが、コロナの感染により昨年７月から増加に転じ、アメリカで取り上げられた10月には例年より600人も多くなりました。しかも自殺率が低いとされて来た女性の数が全体の３割を占め、80％以上の増加を示しています。育児を担ってきた女性がコロナ禍により職場では雇い止めや失業の矢面に立たされ、家庭ではテレワークに伴いＤＶ被害などを受けたのが主な原因と言われています。

仏教では殺生を禁じ不殺生戒を説いています。不殺生とは自分の命も含め生きとし生けるものの命を守り、危害を加えないとの誓願です。それは私たちの命が遠い祖先から営々と継承されて来た命であり、また、子供や孫へと引き継がれて行く命でもあるからです。

仏教では更に生きているのではなく、多くのものや人々によって支えられ生かされている自分を自覚することの大切さを説いています。

ややもすると私たちは取り巻く自然や社会を自分の都合に合わせ利用するだけになりがちですが、自然や社会を守り支える為に存在している自分でもあるのです。

こうした考えに基づいて生活できれば、孤立することなく互いに助け合って生きることができるのではないでしょうか。

今回のコロナ禍は私たちに経済成長を最優先し、それをもって豊かさを判断しようとすることの誤りを指摘してくれました。

私は炭鉱の長屋で生まれ育ちました。そこでは給料日が近くなると隣近所の叔母さんたちが互いに米や味噌・醤油などを貸し借りしているのをよく見掛けたものです。

また、お祝い事があって赤飯を炊いたり餅をついたりすると必ず隣近所に持参したものです。今から思うと貧しい生活でしたが、長屋には互いに支え合う肉親同様の付き合いが存在していました。

これから始まります皆様方の新しい１年がコロナ禍で学んだ教訓を活かし、互いに寄り添って命を守り合うことのできる日々となりますようご祈念申し上げます。

三句の法門を実践する

世界のコロナウイルス感染者が１億人を超え、人類は過去に経験したことのない試練に直面しています。１日も早い終息を願って護摩を焚かせていただきました。

高度情報化社会といわれる今日、テレビやラジオで流れて来る情報と自分の日常生活に欠くことのできない情報とに大きな乖離が生じていると感じます。アメリカやヨーロッパで起きた情報が瞬時に報道される反面、私たちの生活に深く関わる隣近所や地域で起こっていることがわらなくなっているのです。

情報には生きる為に必要最小限の情報や生活を豊かで潤いのあるものにする情報、更には自己を高め向上させる情報などさまざまなものがあると思いますが、情報化社会の進展に伴って情報の入手源が人から人への口伝からテレビやパソコンによるネットワークなどに変化したことによりグローバル化が飛躍的に進んだ一方で、生活に密着したローカルな情報を得る手段が途絶えてしまったように感じます。

コロナ禍を体験したことで私たちの生活は今後、大きく変化して行くのではないでしょうか。今回のコロナ禍を通じ私たちは自分の努力だけで生きていたのではなく、多くの人々に支えられ生かされていたことに気づかされました。

また、当たり前と思っていたことが実は大変ありがたいことだったんだと気づかされました。

そして、社会とその構成員の１人である自分との間に存在する支え合う関係が、バランスの取れたものだったのかどうかを自覚させられる貴重な機会を与えられました。人類はこの貴重な体験を活かして今後、生活の質や内容を大きく変えて行くことでしょう。

仏教では悟りを求める菩提心を種として、生きとし生けるものに対する慈悲の心を根として育てることにより、方便としての花が咲き無常の仏果を得ることができると三句の法門を説いています。コロナ禍を機に日本の仏教徒1人ひとりがこうした教えを実践できれば、日本はより豊かな愛に満ちた国になれるのではないでしょうか。

これから始まります皆様方の新しいひと月が三句の法門を実践に移す日々となりますようご祈念申し上げます。

終活に学ぶ

今年の1月は大雪で毎日のように除雪に汗を流すことができ、よい運動をさせていただきましたけれども、このまま2月も大雪だと排雪する場所がなくなるのではないかと心配でした。

幸いなことに2月に入ってからは温かく、3月のような日が続いて、今まで経験したことがないくらい、過ごしやすい2月でした。このまま春になってくれますと大変助かりますが、今月はどんな天気になるのでしょうか。

先日、葬儀を頼まれて葬儀場に行きましたら、ロビーの書棚に終活セミナーのパンフレットが並んでいました。「しゅうかつ」といいますと、大学生が卒業をひかえて就職活動することの省略用語だと思っていましたら、そうではなく人生の最後に備えて活動することらしいのです。そうしたことがセミナーとして定着し、定期的に開催されているというので驚きました。

子供が少なくなりましたし、長男だから家系を継ぐという風習もなくなりつつありますので、自分の葬儀や死後の後始末などを人に頼らず元気な内に自分で処理しておきたいということなのでしょう。死は自分で考えているより早く、しかも突然訪れるものですから、いつ訪れてもよいように死に備えることは大変よいことだと思います。

誰にも、せめて平均寿命までは生きられるだろうとの思いがありますので、晩年を迎え高齢者になってから終活に取り組むことになりますが、それでは遅いのではないでしょうか。

終活の最大のメリットは、意識がはっきりしている元気な内に自分の人生を振り返ることができる点にあると感じます。

自分で歩んで来たこれまでの道を１つひとつ辿って参りますと、幾つもの分岐点に突き当たり、その時々、機会ある度に自分で道を選択し進んで来たことを再確認することができます。

入学のとき、就職のとき、そして結婚のときなど人生の大切な節目節目でご縁をいただき、歩むべき道を授けてくれた方々に思いをはせることができます。

そして、そうした人たちとの出会いによって今日の自分があることに気づかされます。更には自分の生活に追われて、いわば恩人とも言える人々にお礼の一言も、感謝のハガキ１枚送って来なかった自分に気づき恥ずかしく思うものです。

60代や70代になってからの終活では、せっかくお礼を伝えたい、今の自分を見ていただきたいと思っても、既にその人がこの世にいないことが多いのです。ですから、せめて10年ごと、ないしは５年ごとに自分の過ぎ去った10年なり５年なりを振り返り、冷静な気持ちでご縁をいただいた人々に想いを寄せることも大切なのではないでしょうか。そうすることによって自分の人生もより充実した豊かな日々となるように思います。

特に仕事や子育てに追われ、忙しい毎日を過ごしている若い人たちや現役世代の人々にこそ、自分の人生を顧みてご縁をいただいた人々に想いを寄せる時間をつくって欲しいものだと願っています。
これから始まります皆様方の新しいひと月が自分の人生を支えてくれた人々への感謝の毎日になりますよう心からご祈念申し上げます。

心の富を求めて

今年も早いもので４月になりました。４月は入学や進学、入社や転勤など新たな出発の月でもあります。そこで今日はお釈迦様が悟りを開かれて最初に説法された四諦八正道の教えについてお話させていただきます。
四諦とは、苦諦・集諦・滅諦・道諦の４つの真理のことです。人生は苦であるが苦諦、その苦には原因があるが集諦、その原因を解消すると涅槃に至ることができるが滅諦、原因解消とは中道であり具体的には八正道の実践だとするのが道諦です。
お釈迦様は私たちが輪廻転生を繰り返す中で飲んだ母乳の量やその間に経験した愛する人との別れに際し流した涙の量は４つの海の海水よりも多いと説き、私たちの輪廻転生がいかに永く繰り返されているかを指摘しています。
そして、こうした輪廻転生は、その原因を悟らない限りいつまでも繰り返され、悩みや苦しみから逃れることはできないとして、解消するためには四諦について学びなさいと教えています。
仏教では生老病死に象徴されるように人生は苦であると説いています。そして、苦の原因を執着心や欲望だとしていますが、絶対的な苦が存在するわけではありません。

苦を生み出しているのは私たち１人ひとりの思いであり、心の問題だと教えているのです。

私たちはいつまでも若くありたい。常に健康でありたい。できれば死にたくない等と現状の自分に執着し、それが思うようにならないため、悩み苦しんで地獄の日々を送っているのです。

しかし、考え方を変えると私たちは非常に恵まれた中で生活させていただいているのです。

３分も空気がなくなれば私たちは生きていることができません。10日間も水を飲めなければ生きられないのです。しかし、私たちは命を支えてくれている空気や水に感謝しているでしょうか。

同様に自分の生活を支えてくれている社会や自然に対し感謝の気持ちを抱いているでしょうか。

こうした自分を冷静に見つめ、発想を変えることで悩みや苦しみを歓びや感謝に変えることができるのです。心を不自由にしているのは自分自身なのです。

物や現象に執着すればする程、心は不自由になります。物質的な富は使えば使う程、減って行きますが、心の富は使えば使う程、増大するのです。社会生活を営む私たちは世の為・人の為に努めを果たすことでバランスを取り充実した日々を送ることができるのです。

これから始まります皆様方の新しいひと月が心の富を求める日々となりますよう心からご祈念申し上げます。

晴耕雨読を目指す

変異株の出現により新型コロナウイルスの感染拡大に歯止めが掛

からず、関西や首都圏を中心に感染者が増え続けています。残念ながら国内での死者が遂に１万人を超えてしまいました。亡くなられた方々のご冥福を心よりお祈り申し上げます。

ＰＣＲ検査やワクチン接種など感染防止に有効な手段があるにもかかわらず活用に全力を挙げず、経済活動との両立に執着する余り、結果的に解決を先延ばしにして国中を疲弊させてしまっているように思え残念でなりません。

お釈迦様の教えを色濃く伝えているといわれる阿含経では「過去を追うな。未来を願うな。過去は過ぎ去ったものであり、未来は今だ至っていない。現在の状況をよく観察して明らかに見よ。そして、今なすべきことを努力してなせ」と教えています。

今、人類が一丸となって取り組まなければならないことは唯一つ、新型コロナウイルスの感染拡大を解消することではないでしょうか。

晴れた日には田畑を耕し、雨の日は家で読書にいそしむ悠々自適の生活を「晴耕雨読」と表現しますが、言い方を変えますと与えられた環境や条件に逆らうことなく、それにふさわしい生活をすることの大切さを教えてくれているように感じます。

雨降りや嵐の日に外仕事をしてもよい仕事はできませんし、能率も上がりません。そして、何より辛く苦しい仕事になってしまいます。

今を大切に生きるということは時を知って行動することでもあります。

春には春の仕事をし、秋には秋の仕事に精進することが大切なのです。秋にどんなによい種を蒔いても、芽を出した作物は冬になると枯れてしまい収穫することはできません。人生も同じことのように思えます。与えられた縁を大切にし、報われる努力を重ねることによって実り多い生涯としたいものです。

これから始まります皆様方の新しいひと月がコロナ禍を逆手に取って新たな生活スタイルを創出でき、充実した日々となりますようご祈念申し上げます。

法の相続者となって

阿含経にはお釈迦様が「比丘たちよ、汝らは私の法の相続者となり、財の相続者になってはならない」と説いたとあります。法とはお釈迦様の教えであり、法を守り伝える者になりなさいと弟子たちに教えているのです。

これを受けて長老の舎利弗は若い修行僧に対し、法の相続者となるための具体的な方法として八正道を実践して浄き眼を開き、真の智慧を得て涅槃に至ることだと補足しています。

お釈迦様は八正道を実践するためには堅固な信心と飽くなき精進が必要だとして、怠ることなく勤め励む不放逸が最も大切だと説いています。

そして、悟りを開いて涅槃に至るためには欲望を駆り立てる色・受・想・行・識の五蘊を離れることが大切だとしました。

繋がれている犬が同じ所をグルグルと歩き回るように、愚かな凡夫は五蘊に執着し悩み苦しんでいると説き、一切のものは因縁の結ぶがままに生起し、解けるがままに消滅する現実を知りなさいと教えています。

欲望を離れると言っても私利私欲の欲望を指しているのであり、自身の向上を図り世の為・人の為に尽くす努力は惜しんではならないと教えています。

こうした教えを実践することが大乗仏教で唱える「上求菩提　下

化衆生」なのです。

お釈迦様は「大きな石を湖に投げ入れて浮かび上がれと幾ら願い祈っても、その願いや祈りを叶えることはできないように、生前に私利私欲に執着して悪業を重ねた者が天界に赴く道理はない」とし、現世での生き方で死後の世界が決まると教えています。お釈迦様は王子の地位を捨て、妻子と別れて修行を重ね、その中で得た貴重な悟りの極意を惜しむことなく求めに応じ説いて聞かせたのです。

このように仏教の原点は自らの実践実修を根底にした教えなのです。ですから仏教徒であるためにはお経を唱えるだけでなく、その中で説かれる尊い教えを日々の生活の中で実践できるよう努力を重ねて行かなければなりません。「法句経」には「意味深き経文を幾たび口に誦すとも、身を以て行わなければ沙門とは呼ばず」とあります。

これから始まります新しいひと月がお釈迦様の教えを実践できる日々となりますようお互いに支え合って精進を重ねて参りましょう。

老いを輝いて生きる

６月は天候不順で植えた野菜の成長が悪く困りましたので、今月は夏らしい暑い日が続いて欲しいと願っています。

先月は仏教の教えの中でも最も基本とされます「生老病死」の中から病についてお話させていただきましたので、今月は老いについてお話させていただきます。

人によって違うでしょうが、老いはいつから始まるのでしょうか。

生まれたばかりの赤ちゃんが直ぐに歩けるようになるわけではありません。ハイハイに始まり、物に掴まっての伝え歩きを経て、ようやく２本の足で立ち、歩いたり走ったりできるようになるのです。
こうした成長の段階とは反対に年を取って来ますと、それまで自由に歩いたり走ったりできていたのに、杖をついたり、物に掴まらなければ歩けなくなります。
生物としてごく自然で当たり前のことなのですが、私たちはそれを素直に受け入れることができず、意のままに動かなくなった手足や体に不平不満を抱き悩みいらだつのです。
健康を維持するためには心身の調和が大切で、年と共に変化する体に合わせて気持ちや想いを変える必要があります。
しかし、私たち凡人は体の変化にきづかず、いつまでも若いときの自分に執着心を燃やして体を動かそうと悩み苦しんでいるのです。
年老いて今までできたことができなくなったり、自分１人では日常生活が不自由になったとき、何を感じどう思うのでしょうか。
「これまで何不自由なく過ごして来た毎日がいかにありがたい日々であったのか」と気づき、手を合わせて感謝することができれば、そのときから生活は一変し輝いた毎日が始まるのではないでしょうか。
高齢者がこうした思いに至れば高齢者施設が寺院や教会より強いパワーを発する場と化し、地域の浄化と繁栄に大きな役割を果たすことができるのではないでしょうか。
高齢化社会の到来は日本中を感謝の気持ちで満たし、天地を浄化する絶好の機会のように感じます。

理想の祈りを求めて

祈りと言うと宗教を連想される方も多いと思いますが、祈りは宗教家や信仰心の篤い人たちが行う特別な行為ではありません。
誰もが日常的に行っていながら、それを祈りとして自覚していないだけなのではないでしょうか。
一般的に行われている祈りを突き詰めると願いや想いに辿り着きます。日常生活の中で何も思わず、無心の境地でいる時間は殆どありません。だとしますと私たちは毎日、祈っていることになります。
このように私たちが毎日無意識のまま祈りとして抱いている思いによって、生活の質や健康、更には寿命までもが大きく変化すると言われています。
人を憎んだり怨んだりするネガティブな祈りはストレス物質と言われるコルチゾールの分泌を促し、脳の海馬を委縮させ認知症になりやすくすると言われています。
反対に他人の幸せを願ったり、感謝の気持ちを抱く等ポジティブな祈りは脳内快感物質と言われるオキシトシンの分泌を促進し血糖値や血圧を下げ、ストレスを解消して免疫力をアップさせると言われています。
アメリカの大学の研究では65歳以上の4000人を調査した結果、毎日祈りを捧げている人のほうが長生きしていたとされ、心臓病の患者さん393人を2つのグループに分け、治療は同じようにしながらも片方のグループにだけ回復の祈りをしたところ、祈ったグループには悪化する人が少なかったと報告しています。
私たちはどうしても自分の願いを叶えようとする、欲望や執着心に基づく祈りをしがちですが、本当の祈りとはそうした自我の欲望や執着を離れ、神仏の御心と共鳴できる自分になれたとき、初めて成立するものだと感じます。
祈りの力が最も強く働くのは仏教で説く衆生救済の利他行の祈りと言われています。自我拡張の祈りを卒業して、自分の波動を高める祈り実現に向け精進を重ねて参りましょう。
　そして、その祈りを具体的な行動に移し、善行の実践へと発展させましょう。
　そうすることで途が開け縁ある方々と共に、心豊かな毎日を送ることができるのではないでしょうか。
　これから始まります皆様方の新しいひと月がポジティブな祈りで満たされる日々となりますようご祈念申し上げます。

看取りに備える

　先日、大学の先生や学生さんをご案内して市内にある介護付き高齢者施設を訪問致しました。大学に蓄積されたＩＴ技術やノウハウを地域や社会に役立てるため、研究開発のテーマを探すのが目的でした。施設内を見学させていただき、入居者さんに対する日常的なお世話の仕方や想いを伺い深い感動を覚えました。
　その中でも入居者の方々を看取る場面のお話しは胸熱く伝わるものが御座いました。若い学生さん達に取って生涯忘れられない貴重な体験となったのではないでしょうか。
　私の小さい頃は子供が生まれるのも、お年寄りが亡くなるのも、みな家庭でのできごとでしたから、自分の家は勿論のこと、近所での日常的なできごととして生命の誕生や人間の死を体験し、対応の仕方を肌で学ぶことができました。
　今では子供を生んだり、人生の最後を迎える場が病院になってしまいましたから、若い人が生命の誕生や人間の死を身近に学ぶ機会が失われてしまいました。
　葬儀も葬儀屋さんがすべてリードして進めてくれますので、喪主や遺族の方々は何が何だかわからない内に終わってしまっているのではないでしょうか。

そこで今日は葬儀に関するお話をさせていただきます。

人が亡くなりますと、まずは北枕に寝かせます。死に水や末期の水は故人の渇きを癒すために与えるものではなく再生を願って口に含ませるのです。納棺は死去して24時間を経過してから行いますが、これは心臓が止まっても霊魂が肉体を離れるまでに一昼夜かかると言われているからです。

棺の中に故人に対する感謝のメッセージ等を寄せ書きして納めるのもよいことだと思います。故人に八ッ目草履を履かせるのは仏様と同じように八葉蓮台に立つことを意味しています。

六文銭は三途の川の渡し銭との説もありますが、円形で中心に四角い穴が開いていることから、円は金剛界、四角は胎蔵界に通じ、故人に金剛・胎蔵両界の境地を悟っていただき成仏して欲しいとの願いが込められているのです。

六文銭は仏舎利を表す米粒や針と一緒に頭陀袋の中に入れ、故人の首に掛けます。針は鋭利でどんな布をも突き通しますので、早く仏の深い境地に到達できることを願って持たせているのです。

頭陀袋には吉祥が集まるように卍を記します。棺の上に乗せる守り刀は魔を払い、死者の魂魄を封じる役目をすると言われています。

紙花はお釈迦様が東西南北にあった4本の沙羅の樹に囲まれて入寂したことから沙羅双樹になぞらえて置いているのです。

霊魂は位牌を通じ供物を享受すると言われていますが、葬儀に際して2基の白木の仮位牌をつくり、1基は火葬の際に棺と一緒に焼却し、残りは49日まで仮祭壇で使用します。

49日が済みましたら納骨しますので、白木の位牌はお寺に返し、黒塗りの内位牌をつくって仏壇に納めます。49日を迎えますと、故人の霊界での落ち着き先が決まり、この世に対する執念や想いを断ち切って、次の誕生に向け修行を始めます。
故人の霊界での修行を助けるためにも遺族は故人に対する想いを整理し、前向きに考えて生活することが大切です。そのため49日が済むと形見分けをしたり、喪主宅にあった仮祭壇も整理して遺骨をお墓やお寺に納骨するのです。
少し長くなりましたが、葬儀に際しての基礎的なことを申し上げました。人間の死は突然やって来るものです。看取る立場になったとき、最善の方法で見送って上げられるよう日頃から仏事の意味を理解し身に付けておきたいものです。

長老と呼ばれるには

家庭菜園にはたくさんの赤とんぼが飛び交い、秋の深まりを感じさせる季節となりました。
長く続いたコロナ感染の拡大もようやく全国的に減少の一途をたどるようになりました。このまま終息に向かい、二度と増加に転じることがないよう願って護摩を焚かせていただきました。
日本では戦後のベビーブームに生まれた人たちが70歳を超え高齢化社会を迎えていますが、仏教ではどのように人生を歩み老後を迎えるべきかを教えています。
初期経典のダンマパダ（法句経）では怠惰に過ごし励むことなく100年生きるより、堅固に精進努力して1日生きるほうが勝ると精進の大切さを説いています。
また、いとも麗しい国王の車も朽ちてしまうように身体もまた老いに近づくが、善行を積んだ立派な人の徳は老いることがないと陰徳を積む日々を送りなさいと教えています。そして、学ぶことの少ない人は牛のように老いる。彼の肉は増えても智慧は増えないと生涯学習をすすめています。

日本では長い間、組織や団体の発展に貢献した人を長老と呼んだりしますが、ダンマパダでは頭髪が白くなったから長老になれるのではない。ただ歳を取っただけなら虚しく老いた者と呼ばれる。誠実で徳があり、慈しみの心を持ち慎み深く汚れがなく、常に自分を制して整えるべく気を付けている人こそ長老と呼ばれるのだと教えています。

人生100年と言われていますので今からでも遅くありません。

これから始まります新しいひと月を長老と呼んでもらえるよう慎み深く徳積みに励み、精進を重ねる日々にして参りましょう。

大往生に向かって

自然はいつものように実りの秋を迎えていますが、今年の夏は猛暑と集中豪雨で自然災害の少ない北海道も大きな被害を受けました。特に交通機関への影響が大きく皆様方も、さぞご不便を感じられたことと思います。

周りを海で囲まれ、山の多い日本に住んでいます私たちは水を空気のようにとらえ、あって当たり前のように感じていますが、なくてはならないとても大切な物なのです。

仏事におきましても「死に水」を取るとか、「末期の水」等と申しまして、水を欠くことのできない物として扱っています。

「死に水」や「末期の水」は故人の渇きを癒すために与えるものではありません。水には生命を育む力がありますので、故人の再生を願って口に含ませているのです。
　また、水には物を清める力がありますし、器の形に従って自分の姿を変えることから、どんな環境や条件にも適合して生きていく力を象徴していると言われています。
　誕生したその瞬間から私たちは死に向かって生きていますので、生きた時間に反比例して残された人生は刻々と少なくなっています。これは氷が解けて水になって行く過程によく似ています。
　この世で生活し多くの体験を積むことによりまして、日々、自分の心の中に占める悟りの部分、言葉を変えますと極楽浄土の部分が少しずつ大きくなって参ります。
　生まれたときに神仏から与えられた氷の大きさは人それぞれ違いますでしょうが、その氷がすべて解けて水となったとき、この世の自分の人生を終え、自分の心の中を極楽浄土で満たして、あの世に旅立っていく。これこそ大往生と言えるのではないでしょうか。
「水の五訓」という教えがありますが、水の教えに従って大往生できるよう、日々精進を重ねて参りたいと願って止みません。
　これから始まります皆様方の新しいひと月が大往生に向かい、心の中の極楽浄土が増えて行く毎日でありますようご祈念申し上げます。

人生70にして道半ば

　早いもので今年も残すところ後ひと月となりましたが、皆様に取りまして今年は実りの多い豊かな年だったのではないでしょうか。神仏のご加護に感謝の気持ちを込めまして、納めの護摩を焚かせていただきました。

今では子供が生まれるのも、死を迎えあの世に旅立つのも、病院のできごとになってしまいました。2500人の患者さんの最後を看取ったというお医者さんのお話ですが「人は生きて来たように死んで行く」と感じられたそうです。

感謝して生きて来られた方はお医者さんや看護師さん等、治療してくれる医療関係者は勿論のこと、付添の人や見舞に来てくれた人等、自分の周囲の人たちに、最後の最後まで「ありがとう」と感謝して死んで行くそうです。

反対に不平不満ばかり言って生きて来られた方は最後の最後まで周囲の人たちに不平不満を言って死んで行くというのです。

こうした患者さんの死に方を観ていて、よい死に方をしたければ、よい生き方をしていなければならないと感じたそうです。

宗教家として大変よい話を伺ったと思い、私も死んで行くとき、周囲の人たちに「ありがとう」と感謝の言葉を残して旅立ちたいと願い、今年1年何事にも感謝の気持ちを忘れず、生活しようと心掛けて来たつもりでしたが、それではまだ半分だと気づかされました。

幾ら「ありがとう」と感謝しましても、周囲の人たちに支えられ助けられてばかりでは、「ありがとう」の言葉もむなしくなります。

そうではなく周囲の人たちから「ありがとう」と言って見送ってもらえる死でなければならないように思うのです。そのためには神仏から与えていただいた時間と健康な体を世の為・人の為に使わせていただく以外にないのではないでしょうか。

孔子は「70にして心の欲する所に従えどものりを越えず」と言いました。来年、私は70歳を迎えます。70歳を機に残された人生を新たな気持ちで歩んで参りたいと願っています。

皆様が健康で実りの多い年をお迎えできますよう心からご祈念申し上げます。

真の信仰者を目指して

今年こそ新型コロナウイルスの感染拡大に歯止めが掛かり、皆様方に取りまして実り多い豊かな年となりますよう願いを込め護摩を焚かせていただきました。

初期経典では道を求めて修行する者は常に身口意の三業を浄め整えるよう心掛けなければならないと教えています。私たちの金峯山修験本宗でも護身法の最初に浄三業の印明を唱え、まず自分自身の身口意を浄めますが、これは修行者が取り組まなければならない基本中の基本だからなのです。

それでは身口意を浄め整えるとは具体的にどうすればよいのでしょうか。

経典では身の行いを浄め整えるとは生きとし生けるものを害さず、他人の物を盗まず、不正な愛欲に走らないことだとしています。

また、口の行いを浄め整えるとは嘘を語らず、人の悪口を言わず、二枚舌を使わないことだとしています。

そして、意の行いを浄く整えるとは貪らず、怒らず、間違った見解を抱かないことだとしています。

しかし、順風満帆の人生を歩むことができ、精神的にも経済的にも余裕のあるときに身口意を整え善行を積むことができたとしても、それはその人の真価を現しているものではないとしています。

修行者は苦境に立ち心身共に余裕のない中でも慈愛に満ちた心を以て他者と接することができ、救いの手を差し伸べられるかどうかを問われているのだと教えています。

自分に授かった衣食住を独り占めにすることなく皆でわかち合う

ことができれば、互いに心豊かで幸せな時間を過ごすことができるのではないでしょうか。
そして、こうした人たちが増えて行くことによって地域や社会が明るく輝いたものになって行くのではないでしょうか。
今年こそ信仰者にふさわしい日々にできるよう身口意の三業を常に浄く整えて参りたいと願って止みません。

聞・思・修の教え

新型コロナウイルスの感染拡大が続き、感染者の数が毎日のように過去最大を更新しています。自分の身を守り人にうつさないようにするためには外出を控え、自分でできる感染予防を徹底するしかありません。お互いに助け合ってこの難局を乗り超えて参りましょう。
私たちが信仰しています修験道では修行の実践を大切にしています。溺れている人を助けるためには当然のことですが、まず自分が泳げなければなりません。
仏教では菩薩の修行として自利利他行の実践を説いています。先の例で申しますと、助けるために必要となる泳ぎの力を身に付けることが自利行になります。
そうして身に付けた泳ぎの能力を活用し、溺れている人を救う行為が利他行ということになります。
こうした大乗仏教で欠くことのできない自利利他行の修行法について瑜伽行唯識派では聞・思・修の三段階を経て達成すべきだと教えています。
聞とは聞くことで、先ず正しい教えを１つでも多く聞くことから始まるとしています。

次に思とは幾ら正しい教えを聞いたとしても、それを鵜呑みにするだけでは身に付かないとして、１つひとつの教えを自分なりに掘り下げ、納得できるまで考えなさいと教えています。

そして、最後の修とはわかった理解できたで終わってしまっては本当に自分のものにできたとは言えず、それを具体的な行動に移して実践し、体得しなければならないと教えています。

こうした教えはデジタル化が進み日常生活がますますバーチャル化する現代社会の中で､忘れてはいけない貴重な教えだと感じます。

教えに従って修行を実践するためには先ずスタートとなる人の話に耳を傾ける必要がありますが､正しい教えを聞くためにはよき師･善き人と交わることが求められます。

そのためには「類は友を呼ぶ」との諺がありますように、まずよき師・善き人とご縁をいただける自分でなければならないのです。

これから始まります皆様方の新しいひと月が、よき師・善き人とのご縁で満たされる日々となりますよう心からご祈念申し上げます。

因と果を繋ぐ縁

コロナや豪雪など暗いニュースが続く中、オリンピックで全身全霊を尽くして活躍する選手の姿に感動と勇気をいただきました。

大会の進め方で残念なことも多々ありましたが、そんな中にあっても無心に頑張ってくれた選手の方々に称讃と感謝の気持ちを届けたいと思います。

お釈迦様は悟りを開かれ「これあるに縁ってかれあり。これ生ずるに縁ってかれ生ず。これなきに縁ってかれなし。これ滅するに縁(よ)ってかれ滅す」と縁起説を唱えられ、この世の存在はすべて縁によって成り立っていると説かれました。

今回のオリンピックを観戦しながら縁起説の因縁について改めて学ばせていただきました。まず最初にもととなる因があり、それに条件としての縁が加わって結果が生まれるのです。

選手は少しでも距離を延ばしたい、早く滑りたいと努力を重ね練習に励んでいますが、それだけではよい結果を生むことはできないのではないでしょうか。

スキーやスケートを改良し、スーツの素材やデザインを考案して開発するなど、選手個人ではできないメーカーの協力が必要になります。また、日々の練習を支えるコーチや周囲の人たちの支援を始め、リンクの氷やコースの雪の状態など競技環境は勿論のこと、当日の気象条件なども競技の結果に大きな影響を与えます。

こうして考えますと、選手の実力という因と競技結果としての成績との間には、それこそ数えきれない程の縁・条件が存在していることに気づかされます。

競技を終えた選手がインタビューに応えて、支えてくれた多くの方々に感謝したいと述べているのを聞き感動しました。

ただ勝つことだけを目指して、しかも自分の力で勝ち取ろうと思っていると選手の身体的・精神的な負担は大きくなり、辛く苦しい練習や競技になってしまいます。

日々の練習にお釈迦様が説かれた縁起の思想を取り込むことによって、感謝と歓びに満ちた練習や競技ができ、身体的・精神的な負担も軽くなって、結果としてよい成績へとつながることもあるのではないでしょうか。テレビを見ていて、このことは私たちの日常生活にもいえることだと感じました。

これから始まります新しいひと月がお互いにご縁を大切にし合う

毎日となり、安楽で豊かな日々となりますよう精進を重ねて参りましょう。

世界の平和を希求する

４月は入学・進学・就職と若い人たちに取って新たな生活が始まる夢と希望に満ちた月です。

高齢者の私もテレビや新聞を見ていて毎年元気をいただいて来ましたが、今年は全く違う辛く悲しい想いに駆られています。

この地球上で同じ時代を生きている善良なる人々や罪のない子供たちが突然戦争に巻き込まれ命と自由を奪われているのです。

ウクライナのニュースを見る度に胸が痛くなります。亡くなられた方々のご冥福を心からお祈り申し上げます。

お釈迦様も釈迦族の滅亡を目の当たりにされたと言われていますが、2500年経った今でも同じことを繰り返していることが無念でなりません。

先日、本山で臨時の宗議会が開催されました。ウクライナの人々を苦しめている戦争が一刻も早く終結するよう願って、管長猊下ご導師のもと護摩を焚かせていただきました。

そして、宗議会では次のような平和を希求する声明を決議致しました。「如何なる戦争も認めません。許すことはありません。世界中のあらゆる軍事衝突の即時終結と和平を求め、世界の平和と人類の平安を希求致します。人間の生きる尊厳を損う行為は国家たりと言えども行ってはなりません。私たち大乗菩薩集団たる金峯山修験本宗はいかなる理由があろうとも、人命を軽視し武力で一方的に現状を変更しようとする暴力的な行為に抗議し、強く反対の意志を表します。今もなお世界各地で続くテロや武力紛争の現実があり、悲劇が繰り返されています。改めてあらゆる場での暴力の行使を非難すると共に、一刻も早い対話による解決を実現し、世界に平安が訪れるよう強く求めます」

戦争は領土や権力への執着により起こります。仏教では戒律の中でも不殺生戒を最も重んじ、人間は勿論のこと生きとし生けるものに対する殺生を固く禁じています。

そして、あらゆる執着を離れて涅槃に至ることを説き、共に助け合い支え合って生きることを教えています。1日も早くウクライナに平和が訪れ、罪なき人々が平穏な日々を取り戻せるよう心からご祈念申し上げます。

自力と他力を考える

庭の水仙やクロッカス、ムスカリ等が咲き誇り春爛漫の季節となりました。今年も自然の生命力に感動していますが、食糧庫に保存している大豆は春になっても芽を出しません。大豆は生きていないのでしょうか。そうではありません。芽を出したくてもその為の条件が整っていないからなのです。

大豆を土に植え水を与えると数日もしない内に芽を出しますが、出た芽も温かい所や日の当たる所に置いてやらなければ成長を続けることはできません。

このように大豆が芽を出し根を張って成長を続け、花を咲かせて実を付けるためには土や肥料・水・日の光・温度など数多くの条件が必要なのです。

こうした条件のことを仏教では縁と表現しています。どんなにすばらしい因があろうとも縁がなければ結果は生まれないのです。

私たちの人生も同じことが言えるのではないでしょうか。幸せになりたい、豊かな暮らしがしたい、立身出世がしたい、健康でいたい等々、私たちは多くの夢や希望を抱いています。

そして、夢や希望を実現させるために自分でできる精一杯の努力も惜しみません。しかし、それだけでは夢や希望を実現させることはできません。実現のためには縁が必要なのです。人との出会いだったり、社会や会社の状況だったり、毎日の食生活だったりと、数え切れない程多くの縁がなければ夢や希望は実現しないのです。

このように他力が整って始めて自力を発揮することができるのであり、他力に支えられた自力を自覚することが大切と感じます。

しかし、あくまでも自力が基盤となるのであって、自力がなければ幾ら他力があっても結果は生まれません。やる気のない人に幾ら周りの人が力を貸そうとしても嚙み合うことはなく前に進むことはできません。

このようにこの世のことは自力か他力かの二者択一の問題ではなく、自力と他力の調和が必要であり、それによって始めてよい結果を生むことができるのです。お釈迦様はこうした真理を2500年前に縁起としてお説きになられました。

これから始まります皆様方の新しいひと月が多くの縁に支えられ、自力を思う存分発揮できる日々となりますようご祈念申し上げます。

娑婆の世界に生きる

境内では色とりどりの牡丹が咲き誇り、まるで牡丹園のようですが満開の美しい姿を堪能できたのは僅か数日でした。作家の林芙美子さんは「花の命は短くて苦しきことのみ多かりき」とうたっています。

仏教では生老病死など四苦八苦に象徴されますように、この世の人生は苦そのものだと説いています。この世を娑婆の世界と表現しますが、娑婆とはサンスクリット語でサハと言い忍耐を意味する言葉です。仏教では、この世は苦の世界ゆえに忍ぶことが求められ、直面する苦を１つひとつ乗り超えて行かなければならないと教えているのです。

言い換えますと、人生とは降り掛かる困難を克服して魂の向上を図るための修行ということができます。

それでは修行させてくれる人とは一体誰なのでしょうか。私たちは悪縁を断って良縁を結びたいと願うものです。苦労を掛ける人、心配を掛ける人、常に批判し辛く当たる人、意地悪をする人、邪魔をして足手まといになる人等々、悩みや苦しみを与える人はすべて悪縁と想いがちですが、そうではありません。

私たちに修行の機会を与えてくれている貴重な人たちなのです。そう気づくことができれば恨みや憎しみは消え、逆に誰もしたくない悪役を演じてくれたことに感謝の気持ちが湧いて来ます。

そう思うことができれば与えられた修行を無駄にすることなく一日も早く乗り超えて、期待に応えたいとの思いになるのではないでしょうか。

このように身に降り掛かる経験１つを取ってみても悪縁にするか良縁にするかはすべて自分にあるのです。人は誰でも健康で伴侶や子孫に恵まれ、経済的にも豊かで何一つ不自由のない生活を求めます。しかし、そうした環境の中では自分を向上させ本当の幸せを味わうことはできないのではないでしょうか。

兼好法師は「強く猛き者を友とするなかれ」と述べています。弱い立場を経験したことのない人を友とするなと兼好法師は諭しています。人は辛く苦しい困難を経験することによって強くなり、ものの見方や思いを変え、結果として行動を変えて行くのではないでしょうか。

これから始まります皆様方の新しいひと月が貴重なご縁をすべて良縁にでき、感謝に満ちた豊かな日々となりますようご祈念申し上げます。

人生最後の１日を生きる

先月は異常に暑い日が続き、とても６月とは思えませんでした。今月はどのような天気になるのでしょうか。体調が心配になりますがトマトやキュウリ等の家庭菜園も気になります。

お釈迦様はこの世をいかに生きるべきかをお説きになられました。言葉を変えますと死に方に対する教えであり、いかに旅立つかをお説きになられたと言えるのではないでしょうか。

私たちはお釈迦様のように家族と別れ、社会との関係も断って出家することはできませんが、悟りを開かれたお釈迦様に少しでも近づきたいと願うものです。その願いを叶える為の修行法とは一体何でしょうか。

在家の私たちにとって誰もができ、しかもお金や時間を必要としない修行法とは早いか遅いかの違いはあっても必ず訪れる自分の死を意識して日々を送ることだと感じます。

仏教が教える諸行無常とは死を自覚することによって始めて理解できるのではないでしょうか。死を正しく自覚できれば自分に与えられた唯一の時間は過去や未来にあるのではなく、今でありこの瞬間なのだと実感できるはずです。

こうして諸行無常を体得でき自分の人生は今日が最後になるかも知れないと思うことができれば、腹を立てることもなく不平不満の気持ちは消え失せ、自分を支えてくれている有縁の方々に対して感謝の気持ちが湧いて来るのではないでしょうか。

そして、独立自存のものなど何一つないと気づくことができ、仏教でいう諸法無我の境地に至ることができるのです。

自分の人生で残された時間は少ないのだと自覚できれば旅立つ前にお世話になった家族や有縁の方々、更には社会に対して１つでも多くの恩返しがしたいとの願いを抱くに違いありません。

その願いを具体的に実践できれば日々の幸福感や満足感が変り、生きがいを感じて充実した毎日を過ごすことができるでしょう。これこそお釈迦様がお説きになられた涅槃寂静の世界なのではないでしょうか。

これから始まります皆様方の新しいひと月が人生最後の１日と思って生きることのできる毎日となりますようご祈念申し上げます。

老い上手を目指して

ぐずついた天気が続いていましたが７月下旬から夏らしい天気になり、ズッキーニやトマトなど家庭菜園の夏野菜がたくさんの実を付けてくれています。

毎年のことですが、今年も家庭菜園の野菜たちから絶えまぬ精進の大切さを教えられました。

精進は菩薩に課せられた６種の実践徳目であります六波羅蜜の１つですが、たゆまず仏道を実践するという精進こそ、他の５つとは違い実践が難しく最も価値ある徳目のように感じます。

たとえどんな環境に置かれようとも、与えられた環境を素直に受け入れ、その中で今日・只今を精一杯努力して生きることは、この世に生きる私たちに取りましても忘れてはいけない大切な目標ではないでしょうか。

「阿含経」では「過去を追うな。未来を願うな。過去は過ぎ去ったものであり、未来はいまだ至っていない。現在の状況をそれぞれよく観察し明らかに見よ。そして、今なすべきことを努力してなせ」と教えています。

今回の母の病気に接し、老いや病をこれまでとは違う、新しい生き方を始める契機にできるかどうかを問われているように感じます。

お釈迦様の最後の教えと言われます「涅槃経」では病気に掛かった人こそが仏になれると説いています。また、日蓮上人は「病気で悩むことによって、仏道心が芽生える」と語っています。

病気になったことで、母自身も多くの貴重な体験をしたに違いありませんが、病に伏す母の姿を見せていただき、私も多くのことを学び、日々の生活を見直すと共にこれまで抱いていた想いを変えることができました。

人生ドラマがテレビや映画のドラマと根本的に違うところは、一方的な主役と共演者ではなく、互いに主役でありながら共演者でもある点ではないでしょうか。そうであれば、今回の母の病は単に母のことにとどまらず、私が自分自身のこととして主体的に捉えなければならないと感じるのです。

私たちはとかく年老いて来ると、まだ多くのことができるにもかかわらず、感謝して励むことをせず、もうできなくなったと１つか２つのことに失望し気力をなくしてしまったりするのです。この「まだ」と「もう」を上手に使い分け、まだできることに視点を当てながら、明るく日々を送って上手に老いようではありませんか。

人生の大仕事

私事で大変恐縮でございますが、先月、同居していた94歳になる母が亡くなりました。病気一つしたことのなかった母でしたので、信じられなく残念でなりませんが、これも与えられた寿命であれば受け入れるしかございません。

葬儀を依頼した僧侶が長寿を祝って戒名に寿の１字を加えて下さいましたが、子供としましては素直に喜ぶ気持ちになれないのが現状です。

晩年、母と一緒に暮らすことができた別れでさえも、これ程の悲しみを覚えるのですから、子供を亡くし逆縁を体験したご両親のお気持ちは想像を絶するものではないでしょうか。

母が亡くなる数日前に「死に病と金儲けは大変なんだ」と母親がよく言っていた。

年老いて入院した姉さんを見舞ったとき「ツルちゃん、まだ大きな仕事が残っているんだ」と言ったので、大きな仕事って何さと聞いたら「死ぬことさ！」と答えたけど、本当にそうだよねと言っていたことを忘れることができません。

母の旅立ちを見せてもらい、死を迎え、それを受け入れて旅立つことの大変さを痛感しましたが、それと同時に残された者に取っても近親者を看取ることは人生で最も大きな仕事のように感じました。残念でなりませんが、失って始めて親の存在の大きさ、重さ、大切さを体得できました。「親の心子知らず」との諺がありますが、まさにその通りだと痛感致しました。

仏教では故人の亡くなった日を祥月命日と称して追善供養を行うのが習わしになっています。

こうした亡き人に対する年回忌の回向供養は、初七日に始まって満中陰と言われる 49 日まで 7 日ごとに 7 回行われます。

その後は百か日・一周忌・三回忌・七回忌・十三回忌・三十三回忌です。インドでは満中陰までだった追善供養が中国で百か日・一周忌・三回忌が加わり、更に日本で七回忌以降の供養が加わりました。

これら亡き人に対する供養に欠くことのできないのが十三仏です。初七日の不動明王に始まって 49 日の薬師如来・三十三回忌の虚空蔵菩薩などですが、これらは中国の十王思想に基づく本地仏がベースになっているのです。

残された者に取りまして亡き人に対してできることは報恩感謝の気持ちを忘れず、追善供養をさせていただくこと以外にありません。

71 歳を過ぎましたので、三十三回忌は無理と致しましても、せめて母の十三回忌は無事に済ませて旅立ちたいと願って止みません。

これから始まります皆様方の新しいひと月が、亡き先祖に対する報恩感謝の日々となりますよう心からご祈念申し上げます。

人の価値は行為で決まる

安部元首相の銃撃事件以来、新聞やテレビでは政治と宗教との関係について毎日のように報道を繰り返し、宗教の真価を問い掛けています。ニュースを見ていて他人事とは思えず宗教家としての責任の重さを痛感しています。

私たちが信仰しています仏教は、人の道を説く宗教そのものであり、四苦八苦に象徴されますように、苦労の多い人生をいかに正しく生きるかを教え導く宗教です。

お釈迦様の教えを色濃く残しているとされる「雑阿含経」では人は生まれによって賤しくなったり高貴になったりするのでなく、成した行為によって賤しくもなり高貴にもなるのだと教えています。

当時の古代インドではカースト制度が敷かれ、生まれによって社会的地位や存在価値そのものが決められていました。

そのような厳しい身分制度の中でお釈迦様は王族だった身分を捨て修行に身を投じて苦行を重ねた結果、人間の価値は言動や行動で決まるのであり、それも行為の根底にある想いによるのだと悟りました。

そして、人間の取るべき行為とは先ず自分を正しく整え、自分で実行できて始めて他人を教え導くべきだと教えています。

また、悪いことや自分のためにならないことは直ぐにできても、自分のためになることや善いことは成し難いとして、自分を制することほど難しいものはないと説いています（ダンマパダ）。

「雑阿含経」では賤しき者の具体例として、よこしまな見解を抱き偽りの善を行う者、生きとし生けるものを平気で害する慈悲心の無い者、自分は豊かな暮らしをしていながら年老いた両親を養わない者などを挙げています。

まさに2500年経った今でも誰もが納得できる教えであり、人種の違いを超えてすべての人間が守り実践すべきことのように感じます。

これから始まります新しいひと月がお釈迦様に賤しき者と指摘されることのない日々となるよう互いに精進を重ねて参りましょう。

不殺生戒の重み

高い山では雪が降り始め、朝晩はストーブをつけなければならない季節になりましたが、今年は灯油代や電気代が高くなっていますので、どんな冬になるのか心配になります。

仏教は心の修行、特に心の浄化を根底にした教えです。まず戒めを守って行動を整え、次に禅定により精神の統一を図って心を整えます。こうして身口意を整えることによって正しい智慧を得て悟りに至ることができると教えています。

これを戒定慧の三学と言いますが、悟りに至るための重要な戒めとして出家・在家を問わず不殺生戒の遵守を掲げています。

不殺生戒とは人間の命だけでなく、生きとし生けるものの命を害さない徹底した非暴力を目指す戒めです。殺生をせずに生きることはできませんが、殺生を最小限に抑制することで自分の命と同様に生きとし生けるものの命をも尊重して生活することの大切さを仏教では教えているのです。更には毎日の食事によって与えられた生きる力を自分の進歩向上と世の為・人の為に使わせていただき、命をいただいた動植物の恩に報いるよう、積極的に報恩感謝の行動を取ることをも求めているのです。

仏教徒の誰もがこうした仏教の教えを忠実に守って生きることができれば世界の平和が守られるだけでなく、危惧される将来の食糧危機にも対応できるのではないでしょうか。

1人ひとりが少欲知足を守り、毎日の食事を腹八分に留めて食べ残しをつくらない努力をすることで心身ともに健康を保ちつつ、フードロスを減らすこともできるのではないでしょうか。

これから始まります皆様方の新しいひと月が生きとし生けるものの命を尊ぶ日々となりますようご祈念申し上げます。

縁の大切さ有難さ

新聞やテレビの報道によりますと先月世界の人口が80億人を超え、この12年間で10億人増えたそうです。今の世界情勢を考えますと心配になり、縁あってこの世に生まれて来られたすべての方々が幸せな毎日を送ることができますようにと願わずにはいられません。仏教の根本教理の1つに縁起説があります。縁起説とはこの世のものはすべて元になる原因に諸条件となる縁が加わって、その結果として成り立っているのであり、独立自存のものは何一つないとする教えです。

こうしてすべてのものが縁によって生じ、縁によって滅することから常住不変のものなど存在しないとする無常観へとつながるのです。縁にもいろいろあり自分の努力で解決できるものもあれば、自分ではどうすることもできないものもあります。ですから、私たちにできることは授かったその縁を謙虚に受け止め、例えどんなに悪い原因があろうともそれをよい結果につなげられるように努力し精進を重ねる以外にないのです。

毎日の生活を冷静に見つめ、多くの縁によって生かされている自分を知ることができれば「他者があって始めて自分がある」との真理に気づき実感できるでしょうし、自ずと他者への深い感謝の念が湧き起こるでしょう。

このように日常生活での気持ちを切り替えるだけで極楽浄土に往生せずとも、この世で生きている今日この瞬間から同様の幸せと心の平穏を自分のものにできるのではないでしょうか。
これから始まります皆様方の新しいひと月が縁の大切さや有難さを実感できる日々となり、感謝の毎日となりますようご祈念申し上げます。

水の如く徳行を積む

皆様方の今年1年が実り多い豊かな年になりますように祈りを込めまして護摩を焚かせていただきました。
私も今年こそ初心に立ち返りお釈迦様の教えや菩薩行の基本となる自利利他行の実践に精進を重ねて参りたいと願っています。
仏教の教えを守り功徳を積む仏道修行に励むとは水のように生きることではないでしょうか。お釈迦様は怠ることなく勤め励めと申され、「自灯明　法灯明」として真理に従いつつも自分を拠り所として生きることをお説きになられました。
大乗仏教では、菩薩行の根幹をなすものとして自利利他行を掲げ、己の力を養いその力を以て悩み苦しむ衆生の救済を目指しなさいと教えています。
水は自ら下へ下へと低い所を求めて精進を続け、常にへり下って高い所から見下すようなことはしません。また、水は丸い器に入ると丸くなり、四角い器に入ると四角くなってどんな形の器にも従い争うことをしませんが、決して自分の性質を失うことがありません。
そして時には周囲の環境に従い液体から気体や固体へと大きくその姿を変えますが、自分の本性を失うことはありません。更に水は生きとし生けるものに対し生命の維持に欠くことのできない恵みを与えていながら恩をきせたり自慢したりしません。

老子は「上善は水の如し」と述べ人間にとって最善の生き方とは水のように振る舞うことだと表現しましたが、まさにその通りだと痛感致します。

これから始まります新しい１年が水のように振る舞うことができる日々となり、功徳を積む仏道修行実践の毎日となりますよう互いに精進を重ねて参りましょう。

六方を拝して道を守る

今年こそ仏教徒として教えに従って生活したいものだと願っていますが、在家信者の生活規範を説いたとされる六方礼経では次のように教えています。

お釈迦様が托鉢に出掛けていると沐浴して衣服を整え東西南北と天地の六方を礼拝している青年に出会いました。お釈迦様が何故六方を礼拝しているのか尋ねると青年は家が栄えるように亡き父の教えを守って礼拝していると応えました。そこでお釈迦様は父親が六方を礼拝せよと教えた本当の意味を青年に説いて聞かせたのです。

東とは親子、西は夫婦、南は師弟、北は友人、地は使用人、天は沙門やバラモンの道を示しているのであり、それぞれの道を正しく歩み円滑な関係を維持して保つならば自ずと家は栄え家系は発展するのだと教えました。

そして、こうした６つの道を守ることができて始めて、亡き父が教えてくれた六方拝を実践したことになるのだと諭したのです。

具体的には親子関係では子供は親に対して年老いたら養い、家業を継ぎ家督を相続して先祖を供養しなければならない。これに対し親は子供を悪から遠ざけ善を積ませ、適齢期になれば結婚させて、時機を見て家督を継がせなければならない。

夫婦関係では、夫は妻に対し尊敬の念を抱き軽蔑することなく、浮気せず家事を任せて時には装飾品を買って与えなければならない。これに対し妻は、親族の調和を図って貞操を守り、財を浪費せず家事に精を出さなければならない。

師弟関係では弟子は師を礼拝して迎え、熱心に教えを聞き、師を信じて敬わなければならない。これに対し師は、親切に教え導き弟子を褒めたたえて常に守護しなければならない。

友人関係では、友を欺くことなく、相手が逆境に陥ったときには相談に乗り、共に支え合って守ってやらなければならない。

雇用関係では、雇用主は使用人に対し能力に応じた仕事を与えて食料や給料を支給し、病気のときは看病を怠らず疲れの状況を見て休みを与えなければならない。これに対し使用人は、雇用主より早く起き遅く寝て仕事に励み主人を批判せず称讃しなければならない。

沙門やバラモンとの関係では、身口意の三業を整えて迎え、教えを守り、財物を施与しなければならない。これに対し沙門やバラモンは道を説いて聞かせ、善を積ませて平安な境地に導かなければならない。

以上のようにお釈迦様は六方を礼拝するとは単に災難を逃れるために行うのではなく、人間としての道を守って生活することにより、自分を取り巻く環境が整い、その結果として災いが遠のき豊かで平穏な人生を送ることができるようになるのだと諭したのです。

このように仏教とは苦しみ多きこの世の人生をいかに人間らしく正しく生きるかを教えているのです。

こうした尊い教えにご縁をいただけたことに感謝しましょう。そして、その教えを毎日の生活の中で１つでも多く実践できるよう精進を重ねて参りましょう。

あとがき

最後まで目を通していただきありがとうございました。毎月、法話を纏めるに当たっては仏教の教えを日々の生活に活かせるような内容にしたいとの願いを抱きならが取り組んで参りました。

仏教というと、葬儀や亡き人の供養をイメージされる方も多いと思いますが、お釈迦様がお説きになられた教えはそうではありません。拙著を通じ少しでもお釈迦様の教えを身近に感じていただけましたら、これ以上の幸せはございません。

こうして10年間の法話を纏めることができましたのは黒田典男さんや三浦ゆかさんのお陰によるものです。お２人はサラリーマン時代に職場で出会った方であり、出版とは全く関係がありませんでした。

私が北見への転勤を希望しなければ黒田さんとの出会いはなかったでしょうし、北見で偉大な師匠と出会ったことで私が尺八の稽古に夢中になっていなければ黒田さんとの再会もなかったと思います。

三浦ゆかさんとはＮＴＴを退職して(株)ＪＮＯの設立に関わりプラズマディスプレイを活用した広告事業を展開するためインターンシップを募集したことから、大学生だった大和田ゆかさん（旧姓）と出会うことになったのです。

奇遇にも数十年を経てお２人と過去の仕事とは全く関係のないことで再びご縁をいただくことになりました。

そして、三浦ゆかさんに出版コーディネーターの小山さんを紹介していただき、小山さんの人脈により(株)セルバ出版の森社長さんと出会うことができたのです。

お釈迦様は縁起の法を体得され悟りを開かれましたが、こうして考えて見ますと、今回の拙著出版に関しましても幾つもの出会いが因と果の連鎖を生み出し、発刊を実現へと導いてくれていたことがわります。黒田さん、三浦さん、小山さん、森さんと誰１人欠けても今回の出版は実現しなかったでしょう。まさに縁起の法に従い今回の発刊へと繋がったのです。あらためて仏教の教えの尊さを痛感させられました。

最後になりましたが拙著の発刊に当たり五條良知管長猊下より心温まる御言葉を賜りましたこと光栄に存じますとともに心から感謝申し上げる次第でございます。

合掌

著者略歴

中島　龍真（なかじま　りゅうしん）

中島龍真 (本名：博之　芸名：聖山）1947 年生まれ

NTT で通信回線の保守をはじめ社内業務の電算化やユーザーの IT 化支援業務に従事。㈶札幌国際プラザに出向し姉妹都市を中心に市民レベルでの国際交流を推進。NTT 退職後は千歳科学技術大学の研究成果を基に産学官連携を推進する NPO 法人 PWC のコーディネーターとして活躍。

アメリカ・ハーバード大学でのレクチャーコンサートやドイツでのリサイタルのほかギリシャ・フランス・カナダ・ロシア・韓国・中国など世界各国で尺八演奏。昭和 58 年金峯山修験本宗で得度受戒。平成 10 年竹韻精舎を開闢し宗教活動を開始。令和３年より３回目の千日行に入る。

現在は竹韻精舎薬王山龍王寺住職。金峯山修験本宗青森別院天清寺輪番代行。尺八音楽集団聖琳社会長。

著書には『尺八の歴史』ドイツ語対訳（非売品）、『尺八―知識と奏法』（ぎょうせい）、『異文化激突ドイツ式子育て法』（亜紀書房）、『仏教の教えを辿る』（アマゾンで販売）などがある。

ホームページ https://tikuinshoja.com

自分らしく輝いて生きる　本当の人生は70歳からでも遅くない

2023年 5 月26日　初版発行

著　者　中島　龍真

発行人　森　　忠順

発行所　株式会社 セルバ出版
〒 113-0034
東京都文京区湯島 1 丁目 12 番 6 号 高関ビル 5 B
☎ 03（5812）1178　　FAX 03（5812）1188
https://seluba.co.jp/

発　売　株式会社 三省堂書店／創英社
〒 101-0051
東京都千代田区神田神保町 1 丁目 1 番地
☎ 03（3291）2295　　FAX 03（3292）7687

印刷・製本　株式会社 丸井工文社

Printed in JAPAN
ISBN978-4-86367-812-5